ERINDRINGER

The new deed is yet a part of life, - remains for a time immersed in our unconscious life. In some contemplative hour it detaches itself from the life like a ripe fruit, to become a thought of the mind. Instantly it is raised, transfigured; the corruptible has put on incorruption. Henceforth it is an object of beauty, however base its origin and neighbourhood.

Ralph Waldo Emerson, "The American Scholar" 1837

ERINDRINGER

HERFRA – OG IKKE LÆNGERE

ANNETTE MØLLER

Automatic Press ♦ V̶I̶P

Erindringer: Herfra – og ikke længere

© 2013 Annette Møller, Automatic Press / VIP

Kopiering fra denne bog må kunne finde sted på institutioner, der har indgået aftale med Copy-Dan, og kun inden for de i aftalen nævnte rammer. Undtaget er dog korte uddrag i forbindelse med anmeldelse.

Bogen er sat med Times

Trykt i Storbritannien 2013

Layout, sats og forside af Henrik Boensvang

ISBN-10 / 87-92130-46-1
ISBN-13 / 978-87-92130-46-4

Indholdsfortegnelse

FORORD – Lad de umodne frugter hænge! iii

1. LÆGEBARN I HADERSLEV 1

2. BARNDOMSHJEMMET PÅ GOLDSCHMIDTSVEJ 13
   - Skilsmissefamilie
   - Bedstefar og bedstemor
   - Livet i storfamilien
   - Sommelykke
   - Julen
   - Skolen
   - Farmor

3. I MELLEM HIMMEL OG SNE 43

4. KERNEFAMILIE PÅ LERFØDDER 53
   - Det er din far!
   - Livet i rækkerne
   - Humørets tyranni
   - Det var den jul
   - Søsterskab

5. OVER ALLE BJERGE 71

6. EGNE VEJE 83
   - Alene i værelset
   - Vennerne
   - Og hvad nu?
   - Universitetet.
   - På vingerne

7. FORÆLDRELØS OG FORÆLDREBUNDET 105
   - Den første far
   - Den anden far

TIDENS BARN 129

TIL EVIGT EJE 133

Forord

Lad de umodne frugter hænge!

◆

Jeg troede, jeg ville skrive min families skilsmissehistorie. Inden for de sidste 100 år har fem generationer i lige linje oplevet at blive skilt. Jeg ville begynde med mig selv som skilsmissebarn i 50'erne, og så arbejde mig bagud og fremad. Jeg ville analysere skilsmissens persongalleri og de indbyrdes relationer, især ville jeg fokusere på forholdet mellem børn og papforældre, en relation, hvor jeg har gennemspillet begge roller. Skilsmissen skulle være den røde tråd, så skulle der være en klar disposition og forskellige taksonomiske niveauer, alt det, jeg som dansklærer i gymnasiet havde undervist i mere end 35 år. En spændingskurve eller et egentligt plot var måske lidt svært at forlene historien med.

Men der var en uro og en forventning i mit hoved og mine fingre, der var noget, der ville formuleres og skrives ned, og jeg kunne ikke vente til alle formaliteterne var på plads.

Da det første billede havde sat mig i gang, styrede jeg ikke rigtig mere selv. Det var som om, der blev ryddet et rum i min bevidsthed, og her flyttede erindringen ind, og den begyndte at opføre udvalgte scener fra mit liv. Aktuelle hændelser, lyde, lys og fornemmelser inspirerede erindringen og fik den til hele tiden at spille flere scener. Når jeg havde slukket lyset om aftenen og lå og ventede på at sove, begyndte den sene forestilling, når jeg vågnede om morgenen, sad drømmens stemning i mig, selvom jeg ikke kunne huske dens specifikke indhold.

Erindringen levede sit eget liv i sit ikke helt lille værelse, også når jeg var optaget af andet, arbejdede den, og jeg kunne være sikker på, at der forgik noget, når jeg kikkede ind.

Min skriveproces bestod i at omsætte scenerne til ord, være så tro mod situationer og personer som jeg kunne, jeg skulle finde de helt præcise ord og udtryk, som ikke forskønnede, forstørrede, formindskede, forenklede eller fortegnede det, erindringen lagde frem.

Det erindrede rummer kun få objektive sandheder, men forhåbentlig en ægthed, erindringen forbyder én at lyve. Det er jo ikke umuligt at lyve om nutiden, om i går, om det, der skete sidste år, hvorfor så ikke om det erindrede? Fordi erindringen er gjort af et andet materiale, den har fået sin egen ukrænkelighed.

Derfor kære læser, hvis du er familie eller ven, så bliv ikke såret eller skuffet over, at du ikke optræder i disse mine erindringer. Det er fordi, du er i mit

Forord

liv, og de mennesker, der betyder allermest for mig, kan jeg ikke skrive om. Jeg kan jo ikke komme rundt om jer, fordi vi hænger sammen med kærligheds- og venskabsbånd. Det tilkommer ikke mig at analyse og konkludere om vores fælles liv. Når jeg kan skrive om min søster, er det fordi, den første del af vores liv sammen er blevet til erindring, den næste del er vi gudskelov i fuld gang med at leve sammen.

Det undrede mig længe, hvorfor det var sådan, hvorfra har erindringen den magt til hele tiden at kigge én over skulderen og vogte på, at man er tro i mod den? Og hvornår fik det levede liv denne status og autoritet?

Jeg faldt helt tilfældigt over et svar denne vinter, hvor min søn, som har amerikanske rødder, og jeg har sat os for at læse highlights af amerikanske digtere. Vi begyndte med digteren og filosoffen Ralph Waldo Emersons, han skriver i en tale holdt på Harvard i 1837: "The new deed is yet a part of life, remains for a time immersed in our unconsious life. In some contemplative hour it detaches itself from the life like a ripe fruit, to become a thougt of the mind".

Erindringen er den modne frugt, som har løsnet sig fra vores liv, frugten tilhører os nu som en tanke. Den nye begivenhed kalder Emerson lidt senere for en larve, som pludselig en dag udfolder smukke vinger og bliver en engel af visdom. Det er lidt pompøst formuleret, men det beskriver godt den oplevelse af, at det erindrede liv ligger i græsset ved siden af os, det er vores, og vi kan bruge det som erfaring og indsigt, men vi kan og må ikke ændre på det.

Denne særlige kvalitet ved det erindrede bestemmer også, hvad man kan skrive om, hvor langt op i ens liv, man kan gå, metamorfosen fra begivenhed til erindring skal være tilendebragt. Da jeg skrev mig frem igennem mit liv, måtte jeg stoppe på tærsklen til mit voksenliv – hertil var min erindringsproces nået.

Jeg var et godt stykke inde i voksenlivet, da mine forældre døde, deres død gjorde dem ikke til erindring, men at skrive om dem her mere end tyve år efter deres død, blev den eftertænksomhedens time, som Emerson omtaler. De blev omfattet med erindringens indsigt og forståelse, som kunne løsne dem fra mit liv, jeg kunne komme hele vejen rundt om dem og ikke hænge fast i bitterhed, skuffelse eller savn.

De frugter, der ikke er modne og har løsnet sig af sig selv, skal man lade hænge og ikke plukke dem med magt.

Når man skriver sine erindringer og gerne vil have dem udgivet, må man jo tro på, at projektet ikke udelukkende er selvterapeutisk, men at andre kan have noget ud af at læse dem. Det er min forhåbning, at mine erindringsbilleder ikke kun er personlige snapshots, men at de i modningsprocessen er blevet til tidsbilleder og sindbilleder, som kan gøre dem vedkommende og berettige, at de ikke straks er blevet fejet ned i skrivebordskuffen.

1
LÆGEBARN I HADERSLEV

Hvert år til jul blev min storesøster og jeg fotograferet hos Stella Nova i Storegade, der sidder vi som to små velfriserede marcipangrise, min søster med et strålende smil, som passerer direkte igennem fotografen og ud til de bedsteforældre og mostre, som skal have billedet i julegave. Mit smil er krøllet og anstrengt, flakkende mellem fotografens linse og et eller andet ubestemt i det fjerne - og sådan har det altid været. Da min søster en periode var i lokalpolitik, hang hun på lygtepælene og så indtrængende og smilende ned på de forbipasserende, tilhængere som modstandere.

Vi har vores nye kjoler på, sådan en blev syet til os hvert år til julefotograferingen Vi glædede os til julekjolen, for den var hverken for stor eller for lille. De fornuftige husmødre i halvtredserne anskaffede børnetøjet, så der virkelig kunne vokses i det, alt nyt tøj blev lagt ind og lagt op for siden at blive lagt ned og ud, ligesom årringene på et træ kunne man tælle sømombøjningerne på kjoler og bukser. Men vores julekjole passede, i det næste år var den så fin kjole, hvorefter den kunne genkendes på senere fotografier omsyet til en nederdel og en lille bolero.

Men på billedet fra 1951 er der noget galt, vi sidder stift, og selv min søsters smil er noget anstrengt, jeg kan huske kjolen var væmmelig at have på, den kradsede og stak, selvom stoffet var blødt. Der var gået kludder i mors juleplanlægning, kjolesyning og fotografering var kommet ud af trit; kjolerne var slet ikke færdige, vi sad musestille for at knappenålene i nakken og under armene ikke skulle stikke.

Det var det første tegn på, at de store omvæltningers tid begyndte.

Indtil mit femte år, var jeg lægebarn i Haderslev, far havde sin konsultation i lejligheden i Storegade, man kunne høre dæmpet samtale og svag raslen af instrumenter på den anden side af fløjdørene i stuen. Når konsultationstiden var færdig, blev døren åbnet, og jeg kunne komme ind og samle dagens høst af tomme ampuller sammen. Hvis far ikke havde for mange og for lange sygebesøg måtte jeg køre med, lægetasken blev sat på bagsædet og jeg på en pude på forsædet, det var tiden før sikkerhedsseler. Så kørte vi ud til fru Hansen Tørning Mølle, det hed hun i min bevidsthed, men hun har nok boet i Tørning Mølle, hun havde et væmmeligt skinnebenssår, som jeg kun turde skæve ned på. Vi må have

1. LÆGEBARN I HADERSLEV

besøgt flere, men det er hende og den lavloftede stue, hvor far ikke kunne stå oprejst, og hvor gulvet ikke var af træ, men af noget, der lignede jord; det er det sygebesøg, jeg kan huske. Ofte sluttede ruten på Byens Sygehus, hvor far så til en pige, der hed Tea, hun havde en eller anden sygdom, så knoglerne var bløde som gummi, hun lå altid i sengen, for hun kunne ikke gå, og hendes hoved var kuglerundt som Søren Bruns i Radiserne, og hun var mild og venlig som ham. Tea klagede sig aldrig, og hun er blevet siddende i min bevidsthed som et billede på tålsomhed.

En ung nystartet læge var ikke velhavende, men tilhørte alligevel naturligt byens bedsteborgerskab, vi havde som sådan ung pige, en overgang, da min mor var syg, havde vi endog barnepige. Far og mor gik til store fester, som krævede, at min mor havde lange raslende kjoler, som på forunderlig vis blev holdt oppe uden seler og stropper, modsat vores kjoler. Min søster og jeg gik til dans hos fru Poulsen med de andre borgerbørn og til afdansningsbal i Harmonien. Jeg nåede vist kun at komme dér een gang, og jeg mindes det ikke som en succes, det gik ikke så godt med polkaen, selvom jeg dansede med stiftamtmandens søn. Jeg skulle lege med tandlægens og sagførerens døtre Pusser og Kisser, de havde ægte krøller begge to, den ene lyse, den anden mørke. Jeg havde noget oven på hovedet, der mest lignede et stråtag, jeg syntes det var grimt og flovt ikke at have krøller. Det syntes min mor tilsyneladende også, for hver gang jeg skulle være fin, blev krøllejernet varmet over gassen, de stride hårtotter omviklet med pergamentpapir, og så bredte der sig en liflig lugt i køkkenet af brændt hår og papir, resultatet ses på talrige billeder. Selvom jeg i dag kan se, at krøllerne ikke gjorde noget godt for mit udseende, har jeg stadig en forestilling om, at skal der være fest, skal der være krøller.

Sommerhuset lå ved Kelstrup Strand, det tog max en halv time at køre derud, så mon ikke vi har været der hele sommeren, og så er min far kørt frem og tilbage til konsultationen. Huset var et spidst rødmalet træhus, som hed "Lykkens Spil", det hed det allerede, før mine forældre købte det, måske var historien blevet anderledes, hvis det havde heddet "Osnok" eller "Vito".

Selvfølgelig skinnede solen altid i sommerferien, vi svømmede i store, sorte oppustede bilslanger, strøg rejer tidligt om morgenen, løb ud med kander til fløde, mælk og kærnemælk, når vi hørte mælkemandens klokke, spillede minigolf og plukkede ærter, og hver aften kridtede vi de hvide gummisko med en tandbørste, så de var tørre næste morgen.

Men det bedste var at klatre op i de høje æbletræer og så sidde deroppe og kigge ud over verden og høre de andres stemmer nede i haven – være en del af og dog have alting lidt på afstand. Mine forældre var

1. LÆGEBARN I HADERSLEV 3

ikke ligefrem curling forældre, vi var tit alene hjemme, og vi fik lov at strejfe rundt på stranden og i en lille nærliggende skov, hvor der lå et gammelt forladt og forfaldent badehotel "Viktoriabad". Der var mørkt og fugtigt rundt om det, alt var groet til og solen trængte kun igennem i et flimrende skyggespil. Det var rigtig spøgelsesagtigt og uhyggeligt, og de knirkende gulvbrædder og skrigende hængsler lagde vi til i vores fantasi. Men vi blev ved med at lege der på grænsen mellem lys og mørke. Om aftenen, hvis vi var alene hjemme, gled skyggen fra Viktoriabad ned og lå lige uden for hækken, så krøb vi sammen i min søsters seng og lå lyttede efter trin på havegangen, fars og mors stemmer og endelig døren, der gik.

Min søster elskede at være sammen med mennesker, hun havde masser af kammerater og mindst en hjerteveninde, jeg ville helst bare være sammen med hende eller alene. Min mor prøvede at arrangere venindeskaber for mig, men det var lettere håbløst, hverken de potentielle veninder eller jeg var interesserede, og jeg fik astamanfald af at komme i børnehave. Så hjemme i byen kørte jeg gerne rundt på min trehjulede cykel på brostenene i gården, herfra kunne jeg holde øje med porten og se dem, der skulle op til min far. Ovre på den anden side af gaden lå Lagermans slikbutik og fristede, en gang imellem måtte jeg liste op ad bagtrappen, snige mig ind i køkkenet og snuppe en 25-øre fra husholdningspungen. Den rakte til en pose lakridsstænger, som jeg så fortærede gemt bag skraldespandene.

Selvom vi havde "ung pige i huset", lavede mor altid maden, hun havde gået på Suhrs husholdningsskole og lært alle de gode danske retter. Mens mor kokkererede sad jeg tit på gasovnen, hvis den altså ikke var tændt, og når jeg blev rigtig forkælet fik jeg en lille dåse henkogte ærter, som jeg spiste direkte fra dåsen med teske. Lysfaldet ind i køkkenet, den lette skramlen af piskeriset mod gryden, den gode allerede mættende duft af sovs, mors nærvær delt mellem maden og mig, det er et af de bedste minder fra Haderslev. Middagsmaden var typisk medisterpølse, frikadeller, stegt lever eller hjerter i flødesovs. Man spiste meget indmad i 50'erne, det var før salatens tid, men henkogte grønsager satte lidt kulør på det ofte blege måltid, og så selvfølgelig den brune sovs. Kulør var en uundværlig ingrediens i tidens køkken, og sovsekuløren kunne fås i en lysere og en mørkere nuance. Om søndagen startede vi børn dagen med "bajseæg" til morgen mad, det var rugbrødsterninger rørt sammen med et blødkogt æg, en stor delikatesse. Bagefter fik vi et stykke franskbrød med kremona, som var noget smørbart frugtpålæg med en masse flormelis i, det var meget billigere end marmelade, og alle børn elskede det. Middagsmaden kunne være udvidet med forret - tarteletter med henkogte asparges i en opbagt hvid sovs

1. LÆGEBARN I HADERSLEV

og en dessert, på de gode dage var den citronfromage. Til aftensmad fik vi smørrebrød, far skulle have dyrlægens natmad, leverpostej, sky og saltkød, mor spiste hele sit liv frygtløst bøftartar med rå æggeblommemåtte. Min søster gjorde ligesom min far, det gjorde hun gerne, og jeg holdt mig til de store skiver rød-hvid spegepølse, som vi af en eller grund kaldte "Roskilde Landevej". Efter middag kunne vi få lov til at røre en æggesnaps, vi fik hver et æg og en lille skål sukker, det gjaldt om at røre til blandingen havde nået dobbelt størrelse og var blevet helt lysegul og lind, og til sukkeret ikke knasede mere. Det krævede tålmodighed, men resultatet var værd at arbejde for. Så sad vi der med vores æggesnapse og vogtede på, hvor meget den anden havde tilbage, mens far læste højt; mine yndlingsbøger var *Lille mis med de blå øjne* og *Androkles og løven*. Det kunne også være, han tog en grammofonplade ud af det lille skab, hvor pladerne stod i nogle stofbeklædte riller, lidt ligesom i et cykelstativ. Far og mor havde flere plader med Axel Schiøtz, der sang danske sange, der var også Mogens Wieth *Den blå anemone*, og så de udenlandske, som mest blev spillet for gæster, det var Marlene Dietrich *Lilly Marlene* og *Dødens melodi* fra filmen *Den tredje mand*. Men gæsterne (og vi) kunne også være så heldige, at far havde omdannet konsultationen til en lille biograf, så viste han til de festklædte gæsters højlydte fornøjelse en par af de korte Chaplin film.

Det var min lille verden og udenfor den, var jeg som alle andre børn henvist til voksnes forgodtbefindende. De bestemte, hvor vi skulle hen, hvornår vi skulle gå og komme, og hvordan verden skulle fortolkes. Vi mødte tit en mærkelig dame på gaden, som ikke lignede de andre damer, hun gik ikke med figursyet frakke og lille hat, hun havde slacks og alpehue på, mor sagde hun var homoseksuel, jeg fik ikke nogen forklaring på, hvad det var, men godt var det ikke. Ærgerligt for jeg ville selv gerne have nogle slacks, altså bukser uden klap og seler. Mors tandlæge var flink, men også lidt mærkelig, bedst som han var ved at stoppe vattamponer i hendes vidtåbne mund, stoppede han pludseligt op og gik af rummet. Efter et par minutter kom han tilbage og fortsatte udstopningen; mor sagde, han var narkoman, det lød, som om det ikke var så slemt som homoseksuel. I vores hus var der et tørreloft, og når man gik tværs over det, var der en dør i den anden ende, inde bag den var der et aflangt værelse, her boede fru Lange med sin mand og deres to børn, hun gjorde rent hos os og i konsultationen. Hos Lange lugtede der altid af kogte kartofler, for de havde ikke noget rigtigt køkken, mor sagde de var fattige; det var hverken godt eller skidt, sådan var det bare. Længere ude i verden kæmpede kaptajn Karlsen for at holde sit skib på rette køl, i avisen kunne man se, at det lå mere og mere skråt, og til sidst lå det så skrått, at også han faldt overbord og ned i en redningsbåd,

1. LÆGEBARN I HADERSLEV 5

forestillede jeg mig. Prinsesse Elisabeth blev gift med en eller anden i en kæmpe stor kirke med en enorm tung krone på hovedet.

Om vinteren blev der spillet amatør komedie på Harmonien, byens borgerskab mødtes om aftenen og holdt prøver i flere måneder. Min far var en genert mand, men havde ladet sig overtale til at være med. Teatret har altid været et farligt sted for ægteskabet, og amatørkomedie parret med provinsbyen er eksplosivt, det blev det også for min far og dermed for os alle sammen. Byens femme fatale fik min far til at tabe både hovedet og bukserne, i løbet af et par måneder var det liv, vi kendte, og som vi troede var en evig cyklus, gået i opløsning. Det var slut med at kigge avisbilleder i dobbeltsengen om morgenen, spise varm mad kl. 12, sove til middag og blive vækket af hestetramp fra gaden, køre med på sygebesøg, få læst højt i sofaen om aftenen og beundre far og mor, der skulle til fest. Vi kunne stadig høre far inde i konsultationen, men han kom ikke ind i stuen gennem fløjdøren, i stedet kunne vi høre bagdøren klikke, når han gik. Mor græd og rasede, min søster græd og prøvede at trøste hende, jeg græd, fordi de græd. En nat vækkede min søster mig og sagde, at vi skulle ud og lede efter mor, hun gav mig varmt tøj på og puttede nogle kiks fra den gule kagedåse i lommen, så drog vi af sted, vi fandt mor på en trappesten, hvor hun sad og græd. En dag kom jeg op fra gården og fandt mor helt forstyrret, hun holdt noget lyserødt stof i hånden, som vi havde sommerkjoler af, hun sagde, at far havde prøvet at kvæle hende. Værst var den aften, hvor far og mor skændtes ude på gangen, og da min søster prøvede at stoppe dem, slog far hende. Fra den aften var jeg bange for ham, og den angst forsvandt først 35 år efter, da var han blevet en ældet, træt mand, som, det skulle vise sig, snart skulle dø.

Gråden og skænderierne blev af og til afløst af korte perioder med smil og håb, det var, når min far sagde, at nu kom han tilbage, og alt skulle blive som før, så dansede og lo min mor, og vi fik en lille boxerhvalp, som hed Bamse. Bamse nåede at komme med på et billede som en lille dækningsløs garanti på en lykkelig fremtid, så ved jeg ikke, hvad der blev af den, den forsvandt i syndfloden sammen med sommerhuset og lejligheden og bilen og møblerne og de lyserøde sommerkjoler; den gule kagedåse blev reddet. Den flyttede med ind i mors andet ægteskab, og indtil hun blev syg, rummede den altid en lidt tung friskbagt sandkage.

En dag ankom min bedstemor til Haderslev høj og lidt frygtindgydende i persianerpels og lammeskindskalot. Jeg skulle med til København og bo der, mens min mor og søster skulle til London, jeg begreb ikke meget af det hele, men bedstemors høje stemme gjaldede gennem lejlig-

1. LÆGEBARN I HADERSLEV

heden, og skabte en form for ro i kaos. Jeg vidste, at også min far var bange for hende, så når hun var der, kunne han ikke røre os. Bedstemor var ikke rund og blød som en polstret sofa, men et fæstningsværk, og det var det, vi havde brug for. Jeg boede hos bedstefar og bedstemor et par måneder og savnede min mor og søster rædselsfuldt. Min elskede bamse måtte lægge pels til mange tårer, men savnet opvejedes dog lidt, når vi tog sporvognen til byen og kom hjem og fik leverpostejsmadder. Min bedstefar var et mildere gemyt, i hvert tilfælde overfor mig, han tog mig på skødet om aftenen, fortalte historier og kaldte mig Lille gryn og Bolsjehoved.

Hvorfor min søster og mor skulle til London er uklart, efter sigende havde min far sendt dem derover med et løfte om, at når de kom tilbage, ville alt blive godt. Men en aften ringede telefonen hos bedstefar og bedstemor, og telefondamen spurgte om, modtageren ville betale en samtale fra London. Det ville modtageren heldigvis, for det var min stakkels storesøster på 9 år, hun turde ikke længere være alene med min mor, som flere gange havde truet med at kaste sig ud foran undergrundtoget. Bedstemor iklædte sig persianer og kalot og rejste til London og hentede de ulykkelige hjem.

Det er da muligt, at min far troede på sine egne løfter, da han sendte sin familie af sted, men i så fald kom han på andre tanker, medens han var alene, for da mor kom tilbage til lejligheden i Haderslev, var dem tom. Af det hjem, hun havde forladt var der intet tilbage, kun et par søm i væggen og nogle hårnåle på gulvtæppet, som ikke var hendes.

Far solgte konsultationen, og al løsøre kom på auktion, der købte min bedstefar de mest værdifulde arvestykker fra min mors familie. Hele provinsbyen var i forarget oprør, der gik mange år, før min far kunne vise sig i byen. Som læge var han dog omgærdet af en smule respekt, men den kvinde, der havde lokket ham og fået ham til at vrage min mor, blev nærmest udskreget som heks.

Der må være sket en del inden for skilsmisselovgivningen siden dengang, eller også har min mor haft en meget dårlig advokat, for i sommeren 1952 stod hun psykisk nedbrudt med 2 børn og ingen penge. Så flyttede vi ind hos bedstefar og bedstemor i deres rækkehus på Frederiksberg, der boede i forvejen to giftefærdige mostre; tilværelsen de næste to år var ikke idyl og konfliktfri, men under bedstemors regimente levede man trygt, beskyttet mod udefrakommende trusler – såsom min far.

1. LÆGEBARN I HADERSLEV 7

Min barnedåb holdt hos bedstefar og bedstemor. Oldemor sidder yderst til venstre og farmor yderst til højre i lænestole. Bedstemor står nr. 4 fra venstre og bedstefar nr. 2 fra højre, ved siden af min mor sidder solskinsmosteren og bag hende skyggemosteren

Den unge vistnok lykkelige lægefamilie

1. LÆGEBARN I HADERSLEV

Min søster indgyder mig mod til en børnefødselsdag.

1. LÆGEBARN I HADERSLEV 9

Pusser, Kisser og mig ved stranden i Kelstrup

Farmor på besøg

1. LÆGEBARN I HADERSLEV

Bedstefar og bedstemor på besøg

Bedstefar, min søster og mig

1. LÆGEBARN I HADERSLEV

Det sidste julebillede fra Haderslev

2
BARNDOMSHJEMMET PÅ GOLDSCHMIDTSVEJ

Skilsmissefamilie

Bedstemor var min mors mor, men bedstefar var ikke min mors far, så egentlig var han ikke min "rigtige" bedstefar, men det tænkte jeg aldrig over, da jeg var barn. Hos bedstefar og bedstemor var der malerier alle vegne, de hang ramme ved ramme i flere rækker fra sofakanten til loftet. Det var fordi begge vores oldefædre var malere, den ene væsentlig mere berømt end den anden. Min bedstefars far var Erik Henningsen, ham der har malet Tuborg plakaten med den tørstige mand og en masse malerier fra arbejderbevægelsens tidlige tid, min bedstefar er med på mange af dem som lille lyshåret dreng i folkemængden. Inden en maler laver et stort maleri, laver han en masse udkast og delmotiver, alle disse små skitser hang som et stort memory spil inde i spisestuen. Jeg elskede især et af en dobbeltdækker sporvogn, det er heldigvis lykkedes mig at arve det, og det er en af de ting, jeg aldrig skiller mig af med.

Den anden oldefar, var egentlig heller ikke min rigtige oldefar, for i min familie har vi en stærk tradition for skilsmisser, min oldemor indledte den. Hun var gift med teaterdirektøren på Dagmar Teatret, som var en nydelig mand, han var også skuespiller, så der er rigtig mange fotografier af ham i diverse roller, men måske var han lidt stiv og kedelig uden for scenen. I hvert tilfælde forelskede min oldemor sig i en ti år yngre maler, det var gensidigt, og det holdt hele deres liv. Men i det københavnske borgerskab omkring år 1900 var det totalt uacceptabelt, parret måtte drage i eksil i Rom til den værste forargelse havde lagt sig. Det betød, at min oldemor forlod sin tolvårige datter, som blev boende hos sin far og den nye kone, han ret hurtigt fik. Jeg tror aldrig min bedstemor helt tilgav oldemor dette valg, selvom både oldemor og onkel Sally blev taget til nåde igen, da de kom hjem. Min bedstemor forgudede derimod sin far, og det blev hun ved med hele sit liv. Hun elskede at holde taler ved festlige lejligheder, og lige meget hvad anledningen var, endte det altid med, at han på en eller anden måde blev hovedperson. Det var lige meget, om vi i familien fejrede barnedåb, bryllup, fødselsdage eller konfirmation, det spændende var kun, hvor tidligt i talen festens genstand blev fortrængt af oldefar Emanuel.

2. BARNDOMSHJEMMET PÅ GOLDSCHMIDTSVEJ

Som sagt har vi en vis erfaring med skilsmisse i vores familie, min oldemor, min bedstemor, min mor, min søster og jeg selv, vi er alle blevet skilt. Vi har alle sammen prøvet at være både børn og voksne i dramaet, bortset fra min oldemor, som var adoptivbarn, hvilket kan have sine egne vanskeligheder, men som dengang var en vis garanti for ikke også at blive skilsmissebarn. Voksenrollen har vi udfyldt på forskellig vis som henholdsvis den forladende og den forladte, børnerollen kender kun én version – den forladte.

Min oldemors skilsmisse var voldsom, men klassisk for den tid, hvis det var en kvinde, der forelskede sig i en anden. Mændene omkring 1900 kunne i højere grad arrangere sig, hvis det kneb med at holde ægteskabsløftet, de kunne godt have noget ved siden af, uden der var fare for, at deres krop pludselig forrådte forholdet med synlige beviser. Min farmors mand var et godt eksempel på mændenes kreative løsninger. Han levede et veritabelt dobbeltliv i en fem- ti år, tre dage om ugen var han hos min farmor og min far, og resten af ugen var han ikke dér. Min farmor stillede ikke spørgsmål, for hun syntes, han var sådan en smuk mand, især hans hænder var noget ganske særligt, og hun havde ikke behov for at kende nogen sandhed. Først ved hans begravelse og den senere arvesag, fik hun et svar på det spørgsmål, hun så omhyggeligt havde undgået at stille, en ukendt, grædende kvinde og tre drenge, som sikkert også havde smukke hænder, sad på den forreste bænk. Min farfar døde ret ung, min far var 12 år, så livet som dobbeltfamiliefar og forsørger har ikke kun været fornøjeligt, men også temmelig stressende.

Men tilbage til oldemor, det var hende, der havde forelsket sig, så hun måtte, hvad enten hun ville det eller ej, pakke sine kufferter. Hvad hun følte ved det, og hvordan det var ikke at kunne og måtte se sit barn, tror jeg aldrig hun fortalte. Jeg forestiller mig, at hun har haft det som Tolstojs Anna Karenina, der ikke måtte se sin Serosja. Anna Karenina tænkte hele tiden på sin søn, hvordan hun dog kunne få noget at vide om ham, få nogen til at besøge ham, så hun kunne høre, hvor meget Serosja var vokset, om han talte om hende, hvad han legede, og om han var glad – om han foragtede hende. Som Anna Karenina har min oldemor nok druknet sig i sin store kærlighed og overbevist sig selv om, at den var tabet af barnet værd, og at barnet havde det bedre uden hende. Og når det ikke lykkedes, har hun forglemt sig i det muntre kunstnerliv.

Da min oldemor turde vise sig i København igen, kunne hun stadig ikke få sin datter at se på lovlig vis, alt hvad hun sendte breve, pakker blev sendt tilbage. Min bedstemor skulle blive atten år, før hendes far gav tilladelse til, at mor og datter kunne mødes, men seks år uden kontakt er lang tid, så det var svært at overvinde usikkerheden og bitterheden og finde hinanden igen – forandrede som de begge var. Først da ol-

2. BARNDOMSHJEMMET PÅ GOLDSCHMIDTSVEJ 15

demor blev bedstemor og kunne tilbagebetale noget af sin skyld ved at tage sig kærligt af børnebørnene, blev forholdet mellem mor og datter om ikke fuldt repareret så dog normaliseret. Det hjalp nok også, at min bedstemors far døde samme år, som bedstemors første barn (min mor) blev født, så oldefar og oldemor skulle aldrig dele bedsteforældrerolle, og min bedstemor slap for at føle sig splittet mellem dem. Som "den skyldige part" i en skilsmisse, er skylden overfor børnene den største, og den kan man ikke betale tilbage til sine egne børn, børnebørnene får den kærlighed og opmærksomhed, de under alle omstændigheder ville få – plus en fast afbetaling på den gamle gæld med påløbne renter.

Onkel Sally blev en meget elsket papbedstefar, han var fuld af fest og ballade, han malede og tegnede for børnene og forkælede dem umådeholdent. For mig, som senere skulle udfylde rollen som papmor og papbedstemor er han blevet et lysende forbillede. At onkel Sally elskede børn så meget, kunne godt være blevet et problem, fordi oldemor var for gammel til at få børn, da de var kommet i så ordnende forhold, at det kunne komme på tale; men her viste datidens kreativitet sig igen, dog på en noget mere modig og tiltalende måde, end min farfars skjulte dobbeltliv. Sally og min oldemor blev enige om, at hvis han kunne finde en sød gift kvinde, hvis mand ikke kunne gøre hende med barn, så kunne de jo arrangere sig, så alle fik det, de ønskede sig. Det fandt Sally, og han fik to sønner, som han fulgte – ikke som far, men som en god skytsånd. Da han skulle dø, heller ikke han blev gammel, telefonerede min oldemor til dem, så de kunne tage afsked med hinanden, men drengene fik ikke at vide, at det var deres biologiske far, der skulle dø. Jeg synes, historien vidner om stor kærlighed og fordomsfrihed, det kunne blomsterbørnene i 1970'erne ikke have gjort bedre.

Jeg husker ikke min oldemor ret godt, jeg var fem år, da hun døde, men min søster har en erindring om en meget kærlig og nærværende gammel dame. I min mors efterladte papirer fandt jeg to fødselsdagskort skrevet med en uges mellemrum til min femårs fødselsdag, så jeg har også været nærværende for hende.

Bedstefar og bedstemor

Min bedstefar var ene mand i huset, og han havde det privilegium at få badeværelset først om morgenen, så kunne han også nå at lave morgenmad til bedstemor og give hende en bakke på sengen, inden han cyklede på Rådhuset. Bedstefar var byplanschef i København, en stor stilling, som heldigvis efter datidens forhold var vellønnet, så selvom min mor og mine mostre bidrog til husholdningen, var hans indtægt det økonomiske grundlag for storfamilien. På sit arbejde var bedstefar chef, hjemme var det bedstemor, men jeg tror ikke det generede ham, han elskede og beundrede sin høje, smukke kone. Selv var han en tem-

2. BARNDOMSHJEMMET PÅ GOLDSCHMIDTSVEJ

melig lille mand, så når bedstemor tog lammeskindskalotten på ragede hun op over ham, men han havde altid set op til hende. Han havde troet, hun var uopnåelig, at han alligevel fik hende, så han som en gave fra forsynet, og morgenbakken på sengen var et lille tegn på, at han aldrig glemte sin taknemmelighed.

Da de mødte hinanden har min bedstemor været sidst i tyverne og bedstefar ca. tredive. Min bedstemor var en usædvanlig smuk kvinde, hun brænder igennem de gamle fotografier med en selvbevidsthed og ynde, som også rammer den nutidige iagttager. Min bedstefar var charmerende mand med en stille humor, så jeg tror, der har været bud efter ham i det københavnske selskabsliv, men det var bedstemor han ville have, og det selvom hun var alene med to små børn. For bedstemor var jo også blevet skilt, det er svært at sige, om hun var den forladte eller den forladende.

Der var nemlig sket det, at min bedstemor var faldet for en hr. Berginshagen Dons, jeg syntes navnet var så flot, da jeg var lille, tænk at min mor havde heddet det. Min søster bestemte også, at det skulle stå på min mors gravsten, det kastede ligesom glans over det "Jensen", som min mor kom til at hedde efter sit andet ægteskab. Manden med det fine navn, var bare ikke helt så fin i kanten, eller også har det været de svære tider efter 1. verdenskrig, der pillede pynten af ham. I hvert tilfælde blev han taget i noget cykeltyveri, værre var det vist ikke, men han fik valget mellem at komme i fængsel og dermed en plettet straffeattest – eller rejse til Amerika, han valgte Amerika. Der stod bedstemor så med et barn på tre og et på halvandet år, heldigvis havde hendes far sørget for, at hun som en af de første piger havde taget studentereksamen på Karen Kjærs Pigeskole. Hun tog så nogle kurser, blev rigsdagsstenograf og selvforsørgende. Jeg forestiller mig hende siddende der midt i salen omgivet af magtfulde mænd med stive flipper, hun må med sit yndefuldt bøjede hoved og den tykke nakkefletning have distraheret mere end én taler. Selvom hun kunne klare sig alene, var det småt, besværligt og ikke særlig respekteret at være alene med to børn. Så da bedstefar friede, sagde hun ja, måske var det fra hendes side mere et selvvalgt fornuftsægteskab end et kærlighedsægteskab. Men jeg tror aldrig hun fortrød sit valg, selvom jeg ikke mindes nogensinde at have set de to i noget, der kunne minde om en øm situation. Bedstemor var i det hele taget ikke kysse-kramme typen heller ikke i forhold til sine børn og børnebørn, der var ikke fast plads på skødet af bedstemor, og hun ruttede ikke med kyssene, men man fik tryghed og en lidt barsk omsorg og det, kan man vel også kalde kærlighed.

Bedstefar døde i 1971, han havde længe gået med en langsomt voksende cancer, pludselig en dag nåede metastaserne hjernen, og han døde

2. BARNDOMSHJEMMET PÅ GOLDSCHMIDTSVEJ

hurtigt, og tror jeg, smertefrit, mens han og bedstemor var på besøg hos Knud og mor i sommerhuset. Bedstemor overlevede ham med 16 år, hun var rask og rank, gik i slacks og rullekravesweater, cyklede, gik til italiensk, spillede bridge, gik til møde i Kvindernes Liga for Fred og Frihed. Hun var på mange måder en moderne pensionist bortset fra, hun ikke passede børnebørn med samme ildhu, som dagens bedstemødre. Da hun var 90 flyttede hun fra det store rækkehus til en lejlighed på 3. sal uden elevator, det var hyggeligt at komme på besøg, bedstemor blev mildere med årene, men Goldschmidtsvej var det ikke. Da hun var 93 faldt hun på gaden, hun brækkede ikke hoften som andre gamle mennesker, men fik et skinnebenssår, som ikke ville læge; hun nåede ikke, at blive rigtig svag og syg, en morgen fandt mor hende død i sengen. Det er ikke mange, der dør som 93-årrig, der kan fylde en kirke til begravelsen, det kunne bedstemor.

Livet i storfamilien

Der hang også masser af billeder på det værelse, som min søster og jeg delte, men det var ikke venlige portrætter eller fede varme oliemalerier, det var sort-hvide tegninger og litografier i glas og ramme. Nogle af dem med mærkelige og uhyggelige motiver. Jeg kan ikke huske, hvad de forestillede, men de hang på lur og ventede bare på, at jeg skulle falde i søvn, så de kunne invadere mine drømme. Den lille grønlige selvlysende plastikengel, som min mor havde hængt på sengelampen, kæmpede en brav kamp i mod dæmonerne, men den kunne ikke klare dem, så min søster og jeg satte muntre overføringsbilleder på det gamle hjørneskab, det hjalp. Mine bedsteforældre delte dog ikke vores begejstring, så overføringsbillederne blev hurtigt fjernet; skabet genvandt aldrig helt sin status som antikt møbel, men de mest gyselige billeder blev sat i kælderen. Min mor insisterede også på, at vi skulle bede aftenbøn, folde hænderne over dynen, dér skulle hænderne for øvrigt blive liggende og så sige i kor:

Jeg er træt og går til ro
lukker mine øjne to,
fader se i kærlighed
til mit lille leje ned.

Det var som om mor kæmpede for at bringe orden i tilværelsen, hun begyndte oppe fra, sørgede for at overfladen var præsentabel, og hun var ikke meget for at komme ned i de dybere lag. Men der måtte ikke ligge noget og flyde, hun kunne tage en opvask på et split sekund, hun ryddede op i skuffer og skabe. En gang om måneden skulle vi tømme

2. BARNDOMSHJEMMET PÅ GOLDSCHMIDTSVEJ

vores skuffer og tørre dem ud og lægge tingene pænt på plads igen, det, som der ikke var plads til, kom så på loftet eller i kælderen, mor elskede kælderrum. Da vi senere flyttede til rækkehus uden kælder, lykkedes det hende at charmere viceværten i det overforliggende etagebygger, så vi blev de lykkelige brugere af hele to kælderrum, de var fyldt til bristepunktet, da hun døde.

Mors liv havde ikke været præget af orden og tryghed. Hun var blevet født det år, min bedstemors elskede far døde, derfor kom hun til at hedde Emma (et navn hun syntes var helt umuligt, synd hun ikke nåede at opleve, og at hendes ældste oldebarn fik det nu så populære navn). Hendes far sørgede for det pompøse efternavn Bergishagen Dons, men det var også noget nær det eneste hun fik fra ham; han forsvandt jo til "den nye verden", da hun var tre år og min onkel halvandet år. Hun så ham aldrig mere, og hjemme talte man ikke om ham, han var ekskommunikeret af familien. Min onkel som emigrerede til Amerika som 17 årig, fandt sin far og hans nye familie, men det blev ikke noget lykkeligt gensyn. Der var nogle gamle tanter af familien Dons, som min bedstemor blev ved med at se, de var den eneste sprække, hvorigennem man kunne ane, at der fandtes en anden familie, ikke at de havde forbindelse med den landflygtige nevø, men de borgede for, at han overhovedet var blevet sat i verden.

Da min bedstemor giftede sig med bedstefar (i nutidssprog min papbedstefar) fik min mor og min onkel godt nok hans efternavn, men de blev aldrig adopteret, og jeg tror heller ikke det var helt nemt for min bedstefar at holde af dem. Når min mor fortalte om sin barndom, fyldte hverken bedstefar eller bedstemor meget, det var de små søskende, som hun tidligt tog sig af, der var hovedpersonerne. Det var ikke fordi, der ikke var hjælp i huset, at min mor blev en nidkær storesøster for sin lillebror og de to meget yngre søstre, måske var det hendes måde, at kræve en plads i familien på.

Min mor var hele sit liv umådeholden hjælpsom, og hun kunne ikke se, at denne hjælpsomhed næsten kunne virke provokerende på hendes omgivelser. Mine mostre kom aldrig ud af deres lillesøster oprør mod hende, og det gik så galt, at ingen af dem kom til hendes begravelse – men det er en anden historie. Mest varme var der i den lille historie om, hvordan min bedstefar havde været syg og sengeliggende i lang tid, og hun havde spillet bezique med ham. Hun havde stadig de små metalplader – jeg aner ikke, hvad spillet går ud på, men den episode var en lille smykkesten i hendes erindring. Ellers var det oldemor og onkel Sally, der forsynede hendes barndoms liv med den fornødne glæde og kærlighed.

Jeg er overbevist om, at gode bedsteforældre er en gave, som ikke kan overvurderes, hvor ville vi alle sammen have været uden vores bed-

2. BARNDOMSHJEMMET PÅ GOLDSCHMIDTSVEJ 19

steforældre? Eller også er det fordi, vi modnes sent i vores familie, først som bedsteforældre kan vi finde ud af, at være ordentlige og ansvarlige familiemennesker.

Mors barndom var ikke ulykkelig, men der var så meget, der blev stuvet ad vejen, hun vænnede sig til, at man ikke talte om tingene, man glattede overfladen og skøjtede videre. Hendes faste replik var "Hertil og ikke længere" – og så lagde hun hånden ligesom en kniv hen over halsen. Min søster og jeg har siden undret os over, hvad hun mente med det. Betød det, at hvad, der var i hjertet, måtte aldrig komme op i hovedet og ud af munden, eller måtte det, der rumsterede oppe i hovedet, ikke trænge ned i hjertet? Det fandt vi aldrig ud af, og det tror jeg heller ikke selv hun gjorde.

Det var vigtigt, at min søster og jeg så pæne ud helst i ens tøj og gerne i plisserede nederdele, mor havde en svaghed for klassisk engelsk tøj, hun havde engang været au pair i London, hvor hun havde forelsket sig i tweed og te. Da jeg var fyrre år kunne hun stadig drømme om, hvor pæn jeg ville være i en nederdel frem for i de forvaskede cowboybukser. Det havde været en god tid i London, hun fortalte glad om det frie og selvstændige liv, men der var en ting, hun havde undret sig over, det var, hvordan englænderne gjorde rent, de løftede bare gulvtæppet og fejede al skidtet ind under det. Lidt ironisk er det, at hun selv så hårdnakket praktiserede denne oprydningsform i sit eget liv.

Mor var selv pæn, slank, rank og gesvindt i sine bevægelser, hun var så stolt af, at hun var en størrelse 42, mannequin størrelse, sagde hun. Mannequinerne er godt nok blevet tyndere, siden mor blandede sig med dem, men der må også være sket noget med kjolestørrelserne. I Haderslev havde hun fået syet sit tøj hos en af byens gode dameskræddere, da hun kom til København kunne hun ikke stå for de små eksklusive tøjbutikker på Gl Kongevej, der var især "Fabielle", som var ejet af fru Blarke, hvis datter var en dansk-fransk filmstjerne Anna Karina. Lørdag formiddag var fru Blarkes butik et yndet udflugtsmål, så prøvede mor modeller, og min søster og jeg følte os hensat til de gamle glamourøse dage. Mor købte skam også noget, hun havde smart tøj, men hvor hun fik pengene fra er lidt en gåde, i min erindring betalte min far ikke noget, og mors arbejde som "ufaglært laborant" på Frederiksberg Hospital kan ikke have rakt til modelkjoler. Nålepengene kom måske fra en forelsket, venlig og velbeslået bilforhandler, hvis bil en gang imellem diskret gled op foran rækkehuset, hvorefter mor smuttede ind i den og forsvandt nogle timer. Imens spillede min søster og jeg 13-kabale med de to mostre og tænkte ikke mere over mors forsvinden.

De to mostre var som sol og skygge. Den ældste skyggemosteren var mørk, alvorlig, havde briller og arbejdede på kontor på Rådhuset, hun

2. BARNDOMSHJEMMET PÅ GOLDSCHMIDTSVEJ

var ikke så køn eller gjorde sig aldrig smuk, hun havde ingen kærester, og da hun endelig fik en, snuppede solskinsmosteren ham og kasserede ham kort tid efter. Tilbage sad skyggemosteren med en lille kat, han havde nået at forære hende, hun tog sig god tid til os børn, og fulgte os som en venlig skygge hele livet. Da hun kom på plejehjem, besøgte jeg hende med glæde, jo mere senil hun blev, jo mere kunne vi koncentrere os om de gode gamle dage, til sidst kunne hun ikke tale, men jeg kunne lægge kabalen op, så pegede hun på de rigtige kort – jeg savner hende.

Den anden moster var blondine, kvidrende, lidt yppig og havde malet røde kysselæber, når hun svansede rundt i sort underkjole og gjorde sig klar til at blive afhentet af en kavaler. Hun kunne fortælle de mest fantastiske historier fra det hospital, hun var sygeplejeelev på. Hun boede på hospitalet, men det var fest, når hun om lørdagen kom brusende hjem i en sky af fremmede dufte; tebordet med tørkager løftede sig og dansede som til et spiritistisk møde. Den lyse moster flagrede ind og ud af diverse stærke mandearme, men pludselig en dag, da hun var omkring de tredive, var der ikke flere, der rakte ud efter hende, og hun måtte tage på en charterrejse og selv vriste favnen op på en kantet ungkarl; der var noget ved ham, der fik en til at tænke på gule mursten, han var meget ulig de pomadiserede sheiker, der havde afhentet og afleveret hende ved havelågen. Umærkeligt sivede solskinnet ud af min moster, og af den lyse pige blev der en lidt rå skræppende matrone, som havde nok i sit eget gule murstensliv.

Tit tænker jeg på, hvad man lavede om aftenen, før man havde skærme at sætte sig foran, og så forestiller jeg mig en aften på Goldschmidtsvej. Min bedstefar sidder i sin stol, som nærmest ligner en dækstol, den grønne læselampe er tændt, han læser avis eller et eller andet fagligt fra kontoret. Min bedstemor sidder i sin lænestol med en pude i ryggen og et lille rullebord foran sig, hvor hun lægger den store dobbeltkabale, den kræver to spil kort, derfor bruger hun de små kort. Kabalen går næsten aldrig op, så den kan lægges aften efter aften, den er ikke for børn, vi må kun kigge på. Jeg har stadig lidt ærefrygt, når jeg lægger den kabale, men der er andre kabaler, der kan lægges med de store kort, og som børn godt kan finde ud af, de skal bare behandle kortene ordentligt og lære at blande rigtigt, ikke noget med at stoppe kortene ned oven i hinanden, de skal "svippes" sammen.

Min mor er mest på sit værelse, hvor hun læser eller hører *Tyve spørgsmål til professoren* eller *Silverskriget* i radioen, mens hun stopper strømper eller strikker.

En overgang lavede hun et lille kreativt værksted oppe på værelset, hun gik i den nye hobbyforretning Panduro og købte ind for en mindre formue til linoleumstryk og produktion af emaliesmykker. Hun fik

2. BARNDOMSHJEMMET PÅ GOLDSCHMIDTSVEJ

overtalt ejeren af en lille biks på Peter Bangsvej til at aftage nogle af hendes kreationer, men det blev aldrig en blomstrende forretning. De fleste af mors forklæder og brocher havnede som julegaver under familiens juletræ.

Nede i stuen ville den mørke moster måske spille kort med os, ellers hænger vi lidt rundt om de voksne, min søster mest om bedstemor og jeg mest om bedstefar, jeg venter på at blive inviteret op på skødet til en historie. Ca. én gang om måneden er der kommet brev fra min onkel i Amerika, det er skrevet på et tyndt lyseblåt aerogram, det er mest min amerikanske tante, der har skrevet, hun har fyldt det gennemsigtige papir med sin mærkelige amerikanske håndskrift helt ned til klisterkanten, min onkel kan lige klemme noget ind på højkant. Min tante skriver jo på engelsk, og bedstemor læser det op med høj stemme, pauser og hovedrysten; når det bliver for uforståeligt, er det i hvert tilfælde ikke bedstemors engelsk, der er noget galt med.

Der er én telefon i huset, og den ringer ikke om aftenen, man ringer til sine bekendte om eftermiddagen og til handlende og håndværkere om formiddagen. Når telefonen ringer, er det bedstemor, der tager den, det er næsten altid til hende, det kan være om et møde i Kvindernes Liga for Fred og Frihed, eller nogen der vil invitere til et eller andet. Når bedstemor tager telefonen, siger hun bare "Jaaa" med et meget åbent "a", alle andre i familien siger "Damsø 2022" de kunne lige så godt have sagt "hos bedstemor". Hvis bedstemor ikke er hjemme, indtræder der umærkeligt en rangorden, jeg husker ikke at have taget telefonen.

Èn gang om ugen kommer ægteparret fra nr. 3 over til bridge, så er det grønne filtbord stillet op i dagligstuen, der bliver spillet koncentreret. Bedstemors stemme er den eneste, man tydeligt kan høre inde i spisestuen, når hun har bedstefar som makker er den ekstra høj, og vi er ikke i tvivl om, hvad hun mener om hans udspil. Aftenen ender dog altid fredeligt med te og snitter, der er smurt i forvejen. Om sommeren, når vi er alene med mor og bedstemor i sommerhuset, bliver vi tvangsudskrevet til at spille bridge, ikke noget med rommy eller 500, vi skal lære bridge. Vi bliver ekserceret i trumf og sans og honnørstik, det er rædselsfuldt, jeg er hunderæd for at blive makker med bedstemor. Jeg rammes af akut amnesi, når jeg skal spille ud efter en eller anden febermelding, sidder bare og venter på den uundgåelige dom bagefter, jeg har garanteret inviteret i lige den farve, bedstemor netop har signaleret, hun er renonce i. Jeg har ikke spillet bridge, siden jeg var otte år, men nu er bedstemors stemme kommet så meget på afstand, at jeg egentlig har mod på at prøve det igen.

Men der var også store fester på Goldschmidtsvej, fester, hvor spisebordet var trukket ud i sin fulde længde, og alle de ekstra stole fra kæl-

2. BARNDOMSHJEMMET PÅ GOLDSCHMIDTSVEJ

deren var båret op. Bordet blev dækket med en hvid dug, der glimtede som nysne, de stivede servietter var foldet som åkander, glassene stillet op som en skala, alle tallerkner vendt så blomsterne stod lige på deres stilk, bestikket i snorlige rækker. Det var ukultiveret at sætte flasker på bordet, og det var nok meget godt, for bedstefar og bedstemor var sparsommelige mennesker, de købte altid et par store magnumflasker "Den med tyren", så blev tyren hældt på de fine glaskarafler, og hvis den var lidt sur, fik den en sukkerknald.

Når gæsterne ankom, skulle min søster og jeg åbne og tage mod frakkerne, vise gæsterne ind i stuen, hvor bedstemor tog i mod og bød drinks. Bedstefar var i køkkenet, med stort forklæde og det tynde hår strittende op i luften regerede han med den indkaldte fru Rasmussen, hendes speciale var ikke finere madlavning og servering, men støvsugning og gulvvask. Det var helt forkert at se hende i en aflagt sort kjole og blondeforklæde, jeg syntes, det var synd for hende, at hun skulle majes ud og udstilles for gæsterne med sine dårlige tænder og hjemmepermanentede hår. Medens gæsterne gik til bords, repeterede vi ude i køkkenet hvad side, man skulle servere fra. Men når fru Rasmussen kom ind til den glitrende hvide dug, stearinlysene og de høje stemmer, glemte hun alt om højre og venstre, hun jog fadene ind på må og få mellem sorte jakkeærmer og bare arme, og så måtte gæsterne vride og vende sig, hvis de ville have en skive højreb, grønne ærter og de moderne - med ske og gaffel svært angribelige - pindekartofler. Min søster og jeg ville hellere end gerne veksle noget opvask til servering, så kunne vi studere, hvad gæsterne havde på, høre talerne og sidde på køkkenbordet og snakke om det bagefter. Bedstemor gjorde ingen indsigelser, og gæsterne vænnede sig til, at de aldrig vidste, hvad side fadet kom fra.

Jeg tror, vi var velopdragne børn eller rettere sagt opførte os pænt, for der var vist ikke så meget bevidst opdragelse i vores barndom, det gjaldt mest om at tilpasse sig de vekslende forhold. Min mor kunne blive rasende og skælde os ud, enkelte gange sætte punktum med en let lussing. Min søster kunne det være nødvendigt at opgradere til en rigtig endefuld, men mor var ikke særlig overbevisende i sine afstraffelser, så det var ikke noget, der mærkede os hverken fysisk eller psykisk. Bedstefar og bedstemor skældte stort set ikke ud, det behøvede de ikke, et blik fra bedstemor og en særlig tavshed fra bedstefar var nok. Men der var én ting, hvorom der herskede nul tolerance, den mad, der blev serveret skulle spises.

Vi fik altid to retter mad, den ene skulle bruges til at fylde maven, det var ikke meningen, at man skulle spise sig mæt i hovedretten. Ofte blev bunden lagt med en grød, mannagrød eller fløjlsgrød, hvilket var herligt, men risengrød var og blev en prøvelse, som kun kunne udholdes

2. BARNDOMSHJEMMET PÅ GOLDSCHMIDTSVEJ

i julen. Men låget kunne også blive lagt på med en efterret, det kunne være arme riddere, stegt franskbrød vendt i æg og mælk eller klatkager, risengrød rørt op med æg og mel (en serveringsform som klædte risengrøden) eller andre yndlingsretter såsom varm kærnemælkssuppe med solbærsyltetøj og varm mælk med tvebakker og kanel.

Udover at spise maden var der også faste regler for forholdet mellem fyldstof og kød – der gik fx to kartofler på én frikadelle. Min søster havde ord for at være kræsen, i dag ville man ikke have brugt det ord om hende, der var ganske få ting, hun ikke kunne lide bla de føromtalte ris, det kunne jeg heller ikke, jeg spiste dem alligevel, alt andet var uoverskueligt. Men min søster, som kunne være trodsig - eller modig, nægtede at spise risene, hvorefter bedstefar forviste hende fra middagsbordet. Mor og jeg bøjede os over tallerknerne, skovlede ind og skyllede efter med vand. Da vi skulle vaske op efter middagen, var min søster væk, endnu en lovovertrædelse, men som aftenen gik, blegnede forbrydelserne i takt med, at bekymringen voksede. Bedstefar blev sendt ud og lede på de omkringliggende villavejene, men min søster ville ikke findes, før hun var helt sikker på at komme hjem til tårevædet modtagelse og tilgivelse.

Til hverdag købte bedstemor ind, og bedstefar lavede middagsmaden, min mor eller min moster vaskede op, og vi tørrede af, satte på plads, gik ud med skraldespanden, lærte at fore den med avispapir – og satte mælkeflasker uden for døren. Fra marts måned var det sidste job det bedste, når man åbnede hoveddøren kunne man nemlig i den lyse forårsaften høre, om "de" var begyndt at samles ude på vejen. Råb og latter, lyden af en bold, der utålmodigt blev banket i asfalten, rulleskøjternes skrå "ritch", kaldte på en følelse, som jeg senere lærte at kende som forventningen før et stævnemøde.

Det meste af vejen spiste synkront kl. 6, og middagsbordet var ikke sådan noget kvalitetstid, hvor man skulle hænge og snakke om dagens begivenheder, der skulle hovedsageligt spises. Så lidt i 7 var tropperne ved at være samlet, og de ældste på 12 -14 år kunne beslutte, hvad vi skulle lege, hvordan holdene skulle deles op og andre strategiske forhold. Jeg mindes de ældste, hvoraf en af dem var Jesper Langberg, som rimelige og retfærdige, men totalt udemokratiske.

Der var ikke nogen parkerede biler, de var enten i garage eller ikke eksisterende, vejen var vores, og vi dekorerede den med store cirkler delt op i lagkagelande, hvor navnene blev skrevet med farvekridt. Vi legede altid piger og drenge sammen, nok derfor blev der ikke hinket eller sjippet, men vi meldte krig, indtog hinandens lande med tre skridt og en spytklat; som en af de mindste endte jeg tit med at stå og træde mig selv over tæerne i et lille maltrakteret land, men sådan var det at

2. BARNDOMSHJEMMET PÅ GOLDSCHMIDTSVEJ

lege med de store. Selvom der ikke var demokrati, var vejens regime præget af en vis humanitet. Holdene til partibold blev ikke valgt, men blandet fra oven, sådan at de dårligste ikke stod tilbage, og flyttede der en sjælden gang nye ind på vejen, kom de hurtigt med, de store var venlige ved de små, de hilste endog, hvis vi mødtes om dagen.

Vi måtte lege til det blev mørkt, og ud af øjenkrogene fornemmede vi godt at lyset forsvandt, men hvis vi koncentrerede os rigtig om legen, kunne vi holde døren lukket til mørket og forældrenes kalden.

Og næste dag ville vejen være der igen, på Goldschmidtsvej blev vores liv igen en cyklus, man trygt kunne give sig hen i.

Sommelykke

Det rolige cykliske liv har ikke så mange grøfter, som erindringen kan falder i, det er ligesom at køre frihjul på cykel, man beruses af letheden, ænser næsten ikke landskabet, der glider forbi, man tænker ikke på opad-bakker og modvind, man er - med vinden i ryggen og solen i ansigtet – lykkelig uden at ænse det. Denne selvforglemmende, ubevidste lykkefølelse opleves sjældent som voksen, barnet bekymrer det ikke, at tiden går, herregud der er nok af den. Som voksen registrerer man sine lykkestunder, gemmer dem på en hylde i erindringen, så man kan finde dem igen, genoplive dem, måske gentage dem; som barn ved man ikke endnu, hvad der gør en lykkelig.

Men set i det voksne bakspejl var vi lykkelige de tre år, vi boede hos mine bedsteforældre. Lange inde-dage med påklædningsdukker, vandfarver og legoklodser, de lyse legeaftner på vejen, robuste voksne, der stod vagt om vores tilværelse og ikke porcelænsdukker, som væltede og gik i stykker, også min mor blev klinket i denne periode. Lidt skænderier var der vel, men de forgik ligesom på en anden etage, det var ikke noget, der trængte ned til os, og ved middagsbordet lød stemmerne, som de plejede.

Somrene i Rørvig var dog så dejlige, at lykkefølelsen blev bevidst. Jeg kunne igen klatre i høje træer, nu var det i fyrretræer, der var klæbrige af harpiks og duftede af varm sommer. Om formiddagen cyklede vi ned til byen og købte ind hos købmanden, som havde alverdens ting fra smøreost over baderinge til skruer. Nede i havnen købte vi fisk og holdt øje med den lille færge fra Hundested, der pludselig rundede pynten og lidt senere kom brusende ind i færgelejet og fik vandet til at skumme som i en jacuzzi. På hjemturen fra byen købte vi jordbær ude på "marken", de flotteste kostede 2 kr. pr bakke. Hvis det ikke var rigtigt strandvejr, cyklede vi tit ture om eftermiddagen, ud til Dybesø eller rundt om Korshage eller ind til Nykøbing. Men hvis solen skinnede, var vi på stranden hele dagen, den rummede tusinde muligheder, i vandkanten kunne man grave havne og sejle med små skibe, lidt længere oppe i det fugtig sand kunne man grave huller, som vandet piblede op af, og man kunne lave borge dekoreret med muslingeskaller og marehalmsfaner, i det tørre varme sand kunne vi begrave hinanden eller ligge og fylde kroppen med varme, så den kunne klare endnu en halv time i vandet. Mor havde altid kiks og saftevand med, og tit fik vi lov til at gå ned og købe is i den lille sorte bræddekiosk, der lå ved den sandede parkeringsplads. Når vi kom hjem fra stranden var huden stiv af salt, men min mor mente, vi var rene nok, der var ingen grund til at vaske sig i kostbart brøndvand, det skulle bruges til at skylle jordbær i, og så kunne det genbruges, når vi hyppede kartoflerne med gulvskrubben. Efter aftensmad spillede vi boccia og fjerbold med et par andre familier på den lille sandede plantagevej, så drak de voksne te og vi fik bændellakrids. Aftenen sluttede med, at vi bar de tomme mælkeflasker ned på hjørnet, i den ene var der stukket en lang sammenrullet lyserød seddel, hvor vi havde krydset af, hvad mælkemanden skulle stille til os næste morgen. Det var det samme hver aften, og det var lige vidunderligt.

Sommer i Rørvig er det tætteste, jeg kommer en forestilling om Paradis, sjælen der flyder i en lind strøm af tyk fløde, ikke de store begivenheder, men duften af harpiks, susen i fyrretræer, bølgernes sug i strandkanten gav den forvisning om uforanderlighed og urørlighed, som netop må være det, der gør Paradiset så eftertragtet og opvejer dets kedsommelighed. Det var utænkeligt, at vi skulle tage op til sommerhuset uden for ferien, Paradis var kun åbent i sæsonen.

Når de første marker blev høstet, og sollyset fik en mørkere tone ligesom vokalerne i august, skulle vi hjem, det var vemodigt, men ikke sørgeligt, vi havde været længe nok i evigheden for denne gang.

Julen

Sørgeligt, sørgeligt grænsende til det tragiske var det derimod, når julen var overstået. Julen hos bedstefar og bedstemor var et rituelt under, som var uløseligt forbundet med deres hjem. Senere forsøg på at flytte eller kopiere den er faldet ud som glansløse kopier, lidt ligesom muslimer må føle det, når de skal holde fredagsbøn i en forladt fabrikshal.

Julen glædede vi os til, så vi næsten blev syge af forventning, fra første december levede vi med forhøjet blodtryk, feberroser på kinderne og en summen for ørerne. Fra første til sidste låge i den flade papjulekalender blev åbnet, var hele kroppen i alarmberedskab.

Juleritualet var noget, vi havde arvet fra min bedstefars familie, så det var en gammel borgerlig jul med et kunstnerisk islæt. Det var ikke det religiøse budskab, der var centralt i vores jul, Jesus og især diverse buttede engle var hovedsageligt dekorative, det var heller ikke det hedenske solhverv, vi fejrede, men julen som "das Ding an sich", julens idé med gran og lys, rødt og guld, med mad og musik. Desværre fyldte musikken ikke så meget, for der var ingen, der spillede noget instrument i vores familien, vi var underlagt en kollektiv forestilling om, at vi ikke kunne synge og var umusikalske, lige bortset fra min skyggemoster, som vist godt kunne spille klaver, men aldrig gjorde det. Et traume, der altid har plaget mig, men som jeg for et par år siden besluttede at gøre noget ved. Jeg meldte mig til begynderundervisning på HOF og var heldig at få en sød og tålmodig spillelærer, som overbeviser mig om, at der faktisk er en hørbar progression i mine udfoldelser på tangenterne.

Ud over julekalenderen, der med sine uoplirkelige låger sørgede for, at vi ikke fik det mindste glimt af snemænd med kuløjne og gråspurve på juleneg før tiden, var det butikkernes juleudstillinger, der kickstartede julestemningen. Daells Varehus havde et udstillingsvindue på Amagertorv, et helt hjørnevindue, hvor der bare var nisseby, nisser, der kørte i tog, spiste grød, kælkede og dansede om juletræet, nissebyen var Daells Varehus' gave til børn med kolde, våde tæer i gennemblødte sko. Over Strøget hang store dybrøde juleklokker, og i Illums vinduer var der en udstilling for de voksne med voksmannequiner i forvredne stillinger og elegante kjoler omgivet af pakker i Illums julepapir.

Fjorten dage før jul lancerede Illums Bolighus årets julepynt, så tog bedstefar ind og købte ét styk julepynt, det ene år var det et lille skib lavet af en halv valnøddeskal, et andet år en kunstfærdigt foldet due eller en lille engel med plisseret kjortel og noget særlig fint fehår. Midt i december begyndte produktionen af julemad, og det blev klart, at også en københavnerfamilie havde sit ophav i bondekulturen. Bedstemor brød alle rutiner og gik med i køkkenet, hun virkede til min overraskelse temmelig hjemmevant, når hun kogte grisehoved til sylte, pressede lårtungen mellem to spækbrædder og bandt med bomuldssnor, svingede kødhakkemaskinen, så spækket stod ud som kæmpe hudorme, kogte kraftben til sky, syltede rødbeder og asier og bandt til med cellofan. Flueskabet nede i kælderen blev langsomt fyldt op med julemad og ligeledes det lille skab ved siden af med trælåge og hængelås, der vogtede på vin og stærkere drikke, og i en streng forbudt kasse kunne vi til vores beroligelse ane, at nougatklodser og marcipanpølser også var indkøbt.

I den sidste uge før jul havde hver aften ligesom dagene i skabelsesberetningen sin opgave.

En af de første aftner skulle der lægges dej til småkager, finskbrød, jødekager, vaniljekranse brunkager og klejner. Dejbjergene skulle så ligge og hvile til næste aften, hvor de skulle formes efter deres bestemmelse og bages eller koges, afkøles og sluttelig lægges i dåser med pergamentpapir. Det var sjovest at køre med klejnehjulet, i det hele taget

2. BARNDOMSHJEMMET PÅ GOLDSCHMIDTSVEJ 27

var der noget særligt ved klejner, de rimede på fregner, og fik mig til at tænke på Pippi Langstrømpe. Ligesom Pippi var de anderledes end Tommy og Annika, der var pæne og kedelige som finskbrødene. Og så blev klejnerne kogt i en stor gryde, når de kom op til overfladen, skulle de fiskes op med en hulske, det var ligesom fiskedammen inde i Tivoli. De andre småkager lå i række og geledder på bagepladerne, lod sig viljeløst forme og bage, den ene magen til den anden, så var de også nemme at putte i dåserne bagefter, men klejnerne fik deres egen dåse, hvor de kunne ligge og rode rundt. Småkagebagning var en seriøs juleforberedelse ikke et projekt, der skulle more børnene, så der var ikke noget med at spilde dej på fantasifulde kagemænd og koner, brunkager var runde med en bølget kant og en mandel i midten – færdig. Når småkagerne i juledagene blev serveret på små sølvfade for gæsterne, så klejnerne ligeså forkerte ud som fru Rasmussen i blondeforklæde, de voksne gik også altid uden om dem, men jeg elskede dem. Senere tiders fedtforskrækkelse har gjort, at jeg kun spiser et par stykker hver jul, men bagerens klejner er ikke som bedstemors, og jeg gider ikke selv bage ti klejner.

En anden aften var det julepyntens tur, kræmmerhuse, hjerter og kurve hang på bambuspinde i hver deres kasse. Efter en gammel familietradition havde hjerternes buer "pressefolder", så hjertet ikke var fladt, men buttet og rummeligt, med en lille frugtkniv skulle folderne presses op, kræmmerhusene havde tit mistet eller knækket en hank, de skulle limes, og kurvene skulle dampes over en kedel, så de blev krøllede og luftige. Alle afgørelser angående julepynt var bedstefars, han bestemte, hvad der skulle kasseres, og hvad der skulle laves af nyt. Der gik en aften til renovering og en aften til produktion af nyt julepynt, det er her det kunstneriske kommer ind, for bedstefar sad med sine efterhånden gigtkrogede finger og gjorde den fine julepynt fra Illums Bolighus efter i mindste detalje. Vi andre flettede hjerter og limede kræmmerhuse og kurve, svarende til det antal, der var gået til siden sidste år, træet skulle jo ikke være overlæsset. Vi lærte hvad god smag og stil var, jo finere strimlerne til hjerterne var, jo smukkere blev de, sølv og guld passede ikke sammen, rødt og gult sammen var dårlig smag, blåt og grønt var heller ikke helt godt, men guld og hvidt og sølv og mørkeblåt var stilfuldt. Al julepynt skulle være hjemmelavet, det var utænkeligt og absolut dårlig smag at have glaskugler på træet – for slet ikke at tale om glimmer, det var ligeså underlødigt som at spise overskårne og drikke en kop kaffe uden underkop. Den del af min opdragelse har jeg delvist gjort op med, jeg hænger små guldglaskugler på træet og drikke med glæde kaffe uden underkop, overskårne er jeg dog ikke kommet overens med.

Den 22 - lillebittejuleaften lavede vi konfekt, der var forskellige klassiske modeller, marcipankuglen lidt fladtrykt af en halv valnød, udstenet dadel med marcipan, den lagdelte nougat/marcipan snitte, marcipankugle med nougatkernen, ren nougat terning med blå viol på toppen. Al konfekten skulle laves i en lille delikat størrelse, for julekonfekt skulle tages fra glasskålen med spidsen af to fingre og nydes med et indadvendt blik. Nogle modeller var sværere end andre, børn og andre fummelfingrede begyndte med marcipankuglerne, så kunne man avancere til nougat/marcipansnitte. Alle vogtede på alle, mens vi sad og skar, trillede og trykkede, der måtte ikke puttes noget i munden, heller ikke de små ubrugelige ender, de kunne komme med i næste trilning. Ude i køkkenet stod bedstefar ved chokoladegryden, marcipankuglerne kom på en strikkepind og blev dyppet forsigtigt, der skulle være en hvid bræmme mellem chokolade og valnød, og nougatsnitterne skulle kun dyppes halvt. Det var vigtigt, at man kunne se, hvad der var hvad, når konfektskålen kom frem i juledagene, især for gæsterne, for almindelig god tone tilsagde, at man kun tog et par stykker, og er der noget så ærgerligt som at komme til at tage det forkerte stykke konfekt eller fyldt chokolade? Inden konfekten blev lagt i dåser, fik vi lov til at smage et stykke af hver, i aftenens løb må der alligevel være smuglet nogle små ender nougat og marcipan med ud af spisestuen, for når det endelig blev lovligt at spise, sad kvalmen allerede oppe i halsen, men det var der ingen, der skulle vide.

Lillejuleaften var adrenalinniveauet nået op i det røde felt, der skulle pakkes gaver ind og skrives til-og-fra sedler, det måtte i sagens natur foregå i separate rum, de forskellige familiemedlemmer bestemte selv papir og bånd, tape indgik ikke i det gængse udstyr, var det mon opfundet? Det var en del af den almene dannelse, at kunne pakke en gave ind og binde båndet, så den ikke gik op, en færdighed jeg stadig har stor glæde af. Jeg tror vi samledes til den vanlige aftente og fik en småkage, men julerusen var så fremskredet, at erindringen om denne aftenen før er uklar.

Det samme gælder juleaftensdag, den skulle jo bare gå, vi gik rundt i gangen, var lidt på vores værelse, hvor vi gav Ava Gardner, Esther Williams og Elisabeth Taylor – påklædningsdukkerne – julekjoler på. Vi måtte ikke komme i køkkenet, for der gik vi i vejen, og dagligstuen var totalt forbudt område, for der stod juletræet, som bedstefar skulle pynte, når han kunne undværes i køkkenet. Klokken fire kunne man heldigvis gå i kirke med en moster, det betød at vi kunne begynde at klæde om ved lampetændingstid, klokken tre, en stor lykke at man i sin tid vedtog at holde den kristne jul ved solhverv, hvor dagene er korte. Det var dejligt at gå i kirke og synge julesalmer, men det var lidt ligesom Disney-show – en behagelig måde at få tiden til at gå. Og når vi kom tilbage fra kirke, var tiden gået, så var vi der! Man kunne mærke det, så snart hoveddøren gik op, en tung sødlig lugt af flæskesteg og brunede

2. BARNDOMSHJEMMET PÅ GOLDSCHMIDTSVEJ

kartofler, de sidste hektiske opråb fra køkkenet, og døren til spisestuen blev åbnet. Der var julebordet så, med nisser der kælkede på pladevat og stod på skøjter på et lille spejl rundt om den hvide landsbykirke, der havde fået installeret stearinlys. Der var store kander med hvidtøl til den uundgåelige risengrød, som man lærte at holde i munden og afsøge med tungen for den ene mandel, hvis den så ikke var der, skylle hele mundfulden ned med en ordentlig slurk hvidtøl. Retfærdigvis fik vi risengrødshadere aldrig mandlen, det var også lige meget, mandelgaven var altid *Svikmøllen,* som vi børn ikke forstod noget af, og tegningerne var dumme og grimme, jeg havde engang set *Hudibras*, der var tegningerne meget bedre.

Der er så meget, der har forandret sig siden jeg var barn, men julemiddagens søde pine og kaffens pirrende tortur opleves vist på samme måde af mine børnebørn. Endelig rejste bedstefar sig, gik ind i dagligstuen, som var skilt fra spisestuen med et stort kelimtæppe, igennem hullerne kunne man følge, hvordan lysene et efter et blev tændt, så trak han tæppet til side, og vi åndede i kor: Næææh. Og så gik vi om træet og sang sammen med Axel Schiøtz de gode gamle sange, mens vi skelede ned mod gaverne. Før gaveoppakningen fik alle tildelt et lille sted, hvor man skulle samle sine gaver. Det var meget nemmere at få og give gaver dengang i begyndelsen af 50'erne, hvor luksusartikler og mærkevarer endnu ikke havde forkvaklet gavegivningen, børn blev glade for skisokker og billedbøger og voksne for en broderet æske tændstikker eller et fint stykke håndsæbe. Men en helt særlig forventning fra både voksne og børn var dog rettet mod en store pakke i brunt papir med stempler og mærkater, som stod i sofaen – det var pakken fra Amerika. At åbne den var som at åbne den sidste låge i julens store kalender, her lå pakker til hele familien svøbt i noget særlig fint og tyndt amerikansk gavepapir, dekoreret med *Merry Christmas.* Når vi lindede på gavepapiret slap vi lampens ånd løs, og den materialiserede sig i florlette nylonkreationer, som hed gowns og ikke natkjoler og i farver, som vi endnu ikke kendte navnene på, pink, aubergine, fersken.

Min mor og mine mostre dansede rundt ligesom Askepot med sin balkjole med hver deres gown, så blonder og bånd stod om dem, Askepots musesyede kjole var dog væsentlig smukkere end de lillepigevulgære amerikanske drømme. Familiens mænd fik sokker og slips i nylonskrigende farver, som de aldrig gik med. Vi børn fik legetøj, og det var legetøj, som vi end ikke havde set hos Thorngren på *Strøget*, det var dukker med nylonhår, der kunne redes, små beautybokse og andre pigeting, som jeg har glemt. Men min mor må have røbet for min onkel og tante, at jeg var meget dårlig til at lege med dukker, når jeg gav dem bukser på, stillede jeg dem til min søsters forargelse på hovedet, så jeg fik biler! Et år fik jeg en stor bus, som skulle trækkes op med en kæmpe

2. BARNDOMSHJEMMET PÅ GOLDSCHMIDTSVEJ

skrue i bunden, når den så kørte rundt i stuen og stødte ind i noget, forandrede den selv retning, et andet år, nogle små biler, der ikke skulle trækkes op, men bare hives tilbage, så kørte de selv. Julepakkerne i de mange familier med onkler og tanter i Amerika fungerede i 50'erne som en tidlig parallelimport af amerikansk mode og teknologi.

Juleaften sluttede med billedlotteri og fri adgang til frugt, småkager og konfekt.

Når jeg sidder her i 2012 og tænker tilbage, slår det mig hvor triviel og traditionel denne mit dyrebareste barndomsminde må forekomme.

Det er som om Peters Fabers bøn faktisk er blevet hørt.

> *Drej kun universet helt omkring*
> *vend kun op og ned på alle ting,*
> *Jorden med – thi den er falsk og hul –*
> *rør blot ikke ved min gamle jul!*

Næste dag er det juledag, eller hvad de nu kalder den, men det er ikke jul mere, første, anden, tredje, fjerde juledag er sørgedage, så kommer nytår, som er en ren hån mod julen, hvad er der at fejre, at der er mere end trehundrede dage til næste jul? Nej så er januar med sit evindelige grå tågehav bedre, der kan man svømme retningsløst rundt, indtil en lille redningskrans, der hedder d. 18. januar – min fødselsdag dukker op, den får en til at overleve endnu engang.

Skolen

Jeg kom på la Coursvejens Skole sommeren 1952, der var mindst fire kommuneskoler, der lå tættere på, men min mor havde hørt, at skoleinspektøren skulle være sådan en sympatisk mand, så der blev vi meldt ind, jeg måtte lære at cykle i sommerferien. Der var ikke meget trafik dengang, jeg cyklede alene de tre- fire kilometer inklusiv krydsning af Peter Bangs vej. Min mor var ikke pylret, men heller ikke uansvarlig, børn blev ikke hentet i samme omfang dengang, selvom en del af mødrene rent 50- statistisk må have "gået hjemme". Skolen sørgede for, at vi blev sendt ud ad porten to og to i en velordnet række, men så snart vi var udenfor opløstes den i almindelig kaos, dasken med skoletasker, lidt mobning, hjerteveninder og ensomhed. Jeg gik hen til min cykel og fumlede rundt ved den, indtil jeg kunne se, at Peter var på vej, så cyklede jeg langsomt hen ad la Coursvej og håbede på, at han ville køre lidt ind i mit baghjul, før han indhentede mig; hvis han gjorde det, var jeg sikker på, at vi var kærester.

Ligesom i Haderslev var det skralt med veninder, jeg ved ikke rigtig, hvad det var, der gjorde, at jeg aldrig fik tilbudt en venindering og

2. BARNDOMSHJEMMET PÅ GOLDSCHMIDTSVEJ

kun meget sjældent blev opfordret til at skrive i poesibøger -datidens papirudgave af facebook. Måske var det mit tøj, jeg kan se på billedet fra første klasse, at jeg er den eneste i noget der ligner opsmøgede cowboybukser og tennissko, de andre piger har kjoler med smocksyning eller spencere. Det var en af fordelene ved at cykle, at jeg slap for at gå med nederdel, jeg fik endda overtalt min mor til at købe et par grønne fløjlsknæbukser, jeg syntes det var hamrede smart, når jeg så mig selv i det store spejl i bedstefars og bedstemors soveværelse, men de udløste ikke mange fødselsdagsinvitationer.

Det generede mig nu ikke noget videre, vi var tre "udskud" i klassen, Eva, der var børnehjemsbarn, Else, der var strid og stejl og utilpasset og så mig, vi var ikke med i sanglegene og i den fælles sjipning med det lange tov. Else og jeg fandt sammen og begyndte at hønse og hinke og spille lidt bold op ad muren, Eva blev ved med at bejle til gruppen, tilbyde at svinge tovet og invitere indercirklen til fødselsdag, hvilket sidste kun resulterede i ydmygende afbud eller en understregning af de sociale forskelle. I dag kan jeg godt se, Else og jeg skulle have inviteret Eva med til at hinke, men så ville vi jo have accepteret, at vi var outsidere.

Elses problem var ikke socialt, hun havde velhavende forældre og boede i et stort rækkehus, men jeg tror hun var et utrygt og ulykkeligt barn, jeg fornemmede, at der var en elendig stemning i hjemmet, faderen var sjældent hjemme, moderen var trist, stemmerne var skarpe, dørene smækkede, der var noget, jeg kunne genkende. Men Else viste ingen tegn på svaghed, hun var ligeglad med veninderinge, poesibøger og med om, hun blev budt op af *Munken der går i egne*, hun gik sine egne veje med sin opstoppernæse i sky og rank ryg, og jeg fulgte efter i hendes kølvand, men kunne ikke signalere den samme foragt for klassens andre piger. Jeg var tit hjemme hos Else, og hun var også et par gange med mig hjemme. Else var den eneste i klassen, der vidste, at min far og mor var skilt, og at vi boede hos mine bedsteforældre. I halvtredserne var det endnu ikke almindeligt at være skilsmissebarn, og jeg må tro, at mor gerne ville spare os for spørgsmål og drillerier, i hvert tilfælde bryggede hun en umulig historie sammen, som vi skulle fortælle i skolen. Vores far var på en meget lang rejse i et fjernt land, og der ville nok gå et par år, før han kom hjem. Måske afspejlede historien hendes inderste drømme, men det var frygtelig besværligt hele tiden at skulle finde på nye løgne for at holde historien gående, så på den måde var det godt, at have klassekammeraterne på afstand, og Else sagde ikke noget. Da jeg gik i tredje klasse mødte min mor den mand, som siden skulle blive min stedfar, han fik meget hurtigt rollen som den hjemvendte far, han var gnistrede sorthåret, og min søster og jeg havde ikke den svageste lighed med ham, men han nåede heller ikke at blive præsenteret som far i min underskoletid. Min klasselærerinde fru Folke kendte min baggrund, men hun var et moderne og kærligt menneske, som lod mig have min løgnehistorie og beskyttede mig og andre, der måtte have behov for det, på en diskret måde, hende holdt jeg kontakten med til hun døde.

Vi sagde "du" til fru Folke, de andre lærere sagde vi "De" til, fru Nielsen den lidt frygtindgydende regnelærerinde og fru Højer, som vi havde i gymnastik og kristendom, hun stak sommetider fingrene i ørerne og gik op og ned mellem bordene og sang for sig selv, når vi larmede for meget. En overgang havde vi Jørgen Clevin i tegning, han var venlig og lidt fjern, når jeg siden så ham i fjernsynets børnetime, kunne jeg ikke forstå, at den smilende børneglade tegneonkel var den samme.

En gang hvert halve år bankede det på en ganske særlig ildevarslende måde på døren til klasseværelset, før der kunne råbes "kom ind" gik den op, og en kvinde i hvidt kom til syne i døråbningen. Det var om ikke dødens engel så en fra den nære familie, det var klinikdamen nede fra tandlægen. I en forudsigelig rækkefølge blev vi indkaldt til den halvårlige massakre af vore sidste mælketænder og spirende blivende tænder, som tandlægen udførte ned i sin torturkælder. Da jeg meget senere læste Tom Kristensens digt *Henrettelse* kunne jeg genkalde mig den underlige upersonlige frygt, man gribes af ved at vide, at en uafvendelig proces er sat i gang, hvordan tidsfornemmelsen ophæves, man ved blot, at man ikke kan undslippe for at blive "den næste".

Datidens skoletandlæger trak tænder ud og borede, så blodet fløj og tænderne glødede som grillkul. Den nyeste tandpleje havde dekreteret profylaktisk behandling, hvilket betød, at mange af kammeraterne kom vaklende tilbage til klassen og med en svag, men triumferede stemme kundgjorde, at de havde fået boret 14 huller. Engang prøvede jeg at undslippe ved simpelthen at gå ud ad porten, tage min cykel og køre hjem, men det var en stakket frihed, for næste dag stod dødens engel der igen, og denne gang blev jeg eskorteret helt hen til den sorte stol, som var udstyret med et bælte ligesom et flysæde. Jeg og mange andre har aldrig forvundet den tandlægeskræk, som blev plantet i os dengang, og det må være utåleligt for alle de nænsomme og tålmodige tandlæger, som har haft os i stolen siden.

Det var i det store hele fint at gå i skole, jeg var bare forfærdelig utålmodig, det jeg skulle lære skulle læres hurtigt, og kunne det ikke det, gad jeg ikke lære det. Jeg græd, da jeg skulle lære at stave til "sjov" – det var for svært og derfor ikke værd at lære. Heldigvis må jeg have haft forholdsvis let ved at lære, for det var først på universitetet, da jeg sad overfor Ravnkels Saga på oldislandsk, at jeg lærte, at næsten alt, lige

2. BARNDOMSHJEMMET PÅ GOLDSCHMIDTSVEJ

meget hvor svært det er, kan læres, men det kræver tålmodighed. Det var en meget nødvendig erfaring, som jeg også fik brug for på Idrætshøjskolen, da vi skulle kaste diskos, løbe hækkeløb og lave individuelle rytmiske serier. Der er meget lidt her i livet - om overhovedet noget, man lærer til perfektion, men meget kan læres til gavn og fornøjelse, og det er så meget sjovere at lære det svære end at smide det væk.

Farmor

Min farmor boede på Hostrupsvej, det var nemt at finde hendes opgang, for der var et rødt skilt for noget der hed "Klasselotteriet" ved siden af døren, og så var det oppe på fjerde sal og på goddaghåndens side. Jeg cyklede hen til hende fra skole én gang om ugen, så længe vi boede på Goldschmidtsvej. Farmor var født og opvokset på Lolland i en kæmpe søskendeflok, på et eller andet tidspunkt havde hun taget et kursus som fodplejer, og det ernærede hun sig ved sammen med indtægten fra det store værelse, som blev lejet ud til frk. Valentin. I modsætning til min bedstemor var farmor en lille rigtig gammel dame, hun gik med hårnet, havde gebis, der kurede lidt rundt i munden, hun sagde "sikle" og "portemonnæ" og duftede sødligt af potteplanter og håndcreme. Når jeg kom op til farmor, var hun ikke altid færdig med den sidste "klient", så blev jeg sat ind i dagligstuen på en grøn plydsesstol ved farfars gamle skrivebord, her kunne jeg sidde og tegne, mens et par vildgæs fløj ind i aftenrøden over mit hoved. Når farmor så var færdig, lavede hun kakao og varmede lidt wienerbrød fra dagen før på brødristeren. Hvorfor wienerbrødet altid var gammelt, tænkte jeg ikke over, det er ikke umuligt, at hun fik det fra ismejeriet overfor, når hun købte sin halve sødmælk og en lille pakke lyst rugbrød.

Kakaoen blev indtaget ved et lille bord i spisestuen, som også var farmors "konsultation", på væggen over dragkisten hang et billede, som forestillede Jesus lignelsens om de syv kloge og de syv ukloge jomfruer. De kloge jomfruer havde husket at passe deres lamper, men de ukloge havde fjantet rundt og glemt det, så de måtte leve i mørke, synd for dem, for jeg hadede mørke. Farmor troede på Gud og Jesus, en søndag var jeg med hende i kirke, nok mens bedstemor var i London og hente de fortabte hjem, så spurgte hun, om jeg ville med op til alteret og få en lille kiks, det turde jeg ikke, og gudskelov for det, for jeg kunne jo høre, at præsten sagde, at kiksene var lavet af noget af Jesus. Efter vi havde drukket kakao kom besøgets absolutte højdepunkt, når jeg genkalder mig det i min erindring, fylder det mig stadig med nydelse og ro. Jeg fik lov at klatre op i den store klientstol, som stod på en forhøjning, derfra kunne man se alle byens tårne og længst ude havnen og skibene, det var lidt som at sidde i æbletræet i Kelstrup. Farmor sad så på skamlen ved mine fødder og læste højt at H. C. Andersens Eventyr. Hun læste med

2. BARNDOMSHJEMMET PÅ GOLDSCHMIDTSVEJ

sin gammeldags diktion, hvor hver eneste stavelse blev udtalt. Hun dramatiserede ikke eller lagde forskellige stemmer ind i eventyret, teksten stod rent og klart, som når Søren Ulrik Thomsen læser op af sine digte. Til hvert eventyr var der en stregtegning af Louis Moe, de var små kunstværker, men ikke særlig børnevenlige, så det var næsten rarere at slippe for at se dem. Til *Historien om en Moder* var der et helsides billede af Døden, der har lagt sin kappe om det lille barn og med sine knokkelhænder holder det lille lyse barnehoved næsten kærligt ind til sit kranieansigt, mens han ser ned på det med tomme øjenhuler.

Farmor var ikke belæst og intellektuel som bedstemor, der gik på Charlottenborg og nærlæste *Politiken,* alligevel var det hende, der kom til at stå for min barndoms første og stærkeste litterære og kulturelle oplevelser.

Farmor var ikke fattig, som familien Lange havde været det i Haderslev, eller som jeg tror, fru Rasmussen var det. Men alligevel var der en verden til forskel mellem det store solide rækkehus på Goldschmidtsvej, der var foret med bøger og malerier, og hvor kunstgenstande og arvestykker faldt over hinanden og så farmors 4. sals lejlighed, der lugtede lidt af fresiaer og flaskegas.

Det var farmor, der et par gange om året tog os i Det Kgl. Teater og se ballet, vi så *Copelia* og *Napoli* hængende ud over galleriets rækværk, og i pausen delte vi en citronvand og åbnede den lille servietpakke, som farmor fremdrog af sin håndtaske, den indeholdt et par stykker fyldt chokolade til hver. Nogle gange var chokoladen lidt grålig, for den stammede fra gamle konfektæsker, som farmor havde fået af taknemmelige klienter.

Vi gik også i biografen og så de store helaftensfilm, vi beundrede den smukke, enerådige og tapre Scarlet O'Hara i *Borte med Blæsten,* når hun hev de grønne velour portiererne ned og syede dem om til en drøm af en kjole, så hun skaffe den nødvendige sum for at redde sit elskede Tara. Efter at have set *South Pacific* sang vi i ugevis "I'm gonna wash that man right out of my hair". Men bedst var den årlige Tivoli tur, den var farmors speciale og privilegium, kun hun kunne lave en rigtig Tivoli tur.

Vi kom i Tivoli først på sæsonen, den brede indgangssti indenfor porten var nygruset, tulipanerne stod i tusindtal, svulmende og knitrende friske i det runde bed foran koncertsalen, abonninerne sad med deres medbragte kaffe i forårssolen og nød naturens og gartnerens gavmildhed. Farmor havde det med at falde i staver der ved det store bed, måske ville hun gerne have siddet lidt, men det var jo vores Tivoli-tur, og den omfattede ikke blomster og bænkesidning, men baljerne, den blå vogn, ruchebanen og radiobilerne. Farmors portemonnæ begyndte

2. BARNDOMSHJEMMET PÅ GOLDSCHMIDTSVEJ

med at være tung af guldmønter -enkroner og tokroner, dengang betalte man med rigtige penge i Tivoli, og vi lettede den efterhånden for sin vægt. Farmor prøvede aldrig noget selv, men stod og ventede til os, når vi rundtossede og fortumlede væltede ud af de forskellige fartøjer, allerede sitrende af forventning om den næste tur. Når der kun var et par kroner tilbage i portemonnæen, gik vi ind på "Gallopbanen" valgte en hest og spillede de sidste penge op, engang vandt vi en æske kattetunger. Men inden vi var nået så vidt, havde vi fået en lyserød candyfloss på størrelse med en lammesky, den sammen med en tur i ballongyngerne kunne give en god gedigen kvalme.

Jeg tror, farmor sparede sammen til vores fælles ture i biografen, teatret og den store Tivoli tur og led afsavn for vores skyld. Hun lærte mig noget om, hvordan man for begrænsede midler kan skabe ubegrænsede oplevelser, hun nævnte aldrig pengene som et problem, men vi vidste alligevel, at der var det, der var, og vi skulle ikke plage om mere.

Det var utænkeligt, at farmor kunne komme på Goldschmidtsvej til jul, så hun holdt en lille juleaften for os en af de dage, hvor det passede ind i bedstefars og bedstemors store juleritual. Måske var det i lyset af "den rigtige" jul, at farmors jul kom til at tage sig så håbløs ud. Alt var så småt, juletræet stod på et messingbakkebord, der kunne ikke være mere end fem eller seks stearinlys på det, og pynten var alt det, som vi havde lært var dårlig smag, glaskugler og fehår, hjerter og kræmmerhuse, der var klippet ud af fortrykte papirark. På det store skab og over vildgæssene havde nogle kravlenisser endog slået sig ned, det var bare ikke til at tage alvorligt. Og helt galt gik det, når vi sad rundt om bakkebordet og skulle synge, farmor sang for med en sprød gammelkonestemme, der knækkede over på de høje toner. Min søster og jeg fik ikke sunget ret meget, vi var ikke bare ved at tisse i bukserne af grin, vi gjorde det, vi gnavede i vores trøjeærmer og turde slet ikke kigge på hinanden, farmor opdagede det sikkert, men hun kunne aldrig drømme om at skælde os ud. Det var lidt grusomt af os, men vi kunne ikke styre os, og vi kan stadig i dag få grineflip, når vi snakker om farmors jul.

Den store sorg i farmors liv, som hun prøvede at råde bod på, var, at vi ikke så vores far, hendes elskede eneste søn. Min far var helt ærlig en sjuft både overfor os og overfor sin mor. Min søster og jeg fik af og til en fødselsdagsgave med posten, men det var ikke noget, man skulle regne med. Mig generede det ikke, men min søster savnede ham forfærdeligt, hun kørte ud til hans bopæl for at få et glimt af ham, og i det første halve år på Goldschmidtsvej fejlede hun de mærkeligste sygdomme. Min far fik på et tidspunkt en praksis ude i Søborg, så han var jo ikke langt væk, men han var ekspert i tage bind for øjnene og famle sig frem til det laveste gærde, og det var at lade os alle sammen passe

2. BARNDOMSHJEMMET PÅ GOLDSCHMIDTSVEJ

os selv, så han undgik konflikter i sit nye forhold.

Farmor kunne heller ikke lide konflikter, hvor min far flygtede fra dem, tålte hun. Farmor fandt sig i alt, min bedstemors slet skjulte nedladenhed, vore ligeså slet skjulte grineflip til jul, min fars åbenlyse mangel på omsorg og opmærksomhed. Han besøgte hende uhyre sjældent, inviterede hende nærmest aldrig, ikke engang til min lillesøsters konfirmation, da den tid kom. Som så mange gamle mennesker brækkede farmor lårbenet og måtte flytte fra sin skønne udsigt på fjerde sal, det lykkedes min far at få hende anbragt på et plejehjem, som siden blev dømt for at misrøgte nærmest tortere de gamle. Han ville ikke høre på hendes spagfærdige klager, og en af hendes yngre søstre måtte bortføre hende og anbringe hende på et mere humant plejehjem.

Nogle gange, når vi skulle i biografen eller i teatret, var der en mærkelig nervøsitet over farmor. Hun masserede altid sit gamle brækkede håndled, men de aftner var hun lige ved at skrue det af, vi lærte at tolke den uro, den betød, at far kom og hentede os efter forestillingen. Hun fik altid først sagt det lige i sidste øjeblik, før Citroëngen rullede ind ved kantstenen. Så åbnede min far dørene med sine lange arme, min søster kom ind på forsædet og farmor og jeg på bagsædet. Jeg husker ikke så meget af de køreture andet end den fortættede stemning af nervøsitet, angst, generthed, sorg og skuffet, forkvaklet kærlighed. Så snart vi var blevet sat af hjemme foran vores hoveddør, brast min søster i gråd – jeg hadede de afhentninger, og den dag i dag synes jeg, min farmor var fej, alle de gode minder om farmor har denne lille snært af utryghed.

Farmor tilbragte de sidste par år oppe i Slaglunde, jeg kom ikke så tit derop og havde konstant en gnavende dårlig samvittighed. En dag, hvor jeg ikke havde været der et stykke tid, sagde hun, de havde skåret hendes ene ben af, det var rigtigt. Farmor døde i 1971, jeg fik det at vide af plejehjemmet, men jeg fik aldrig noget at vide om hendes begravelse, og jeg ved faktisk ikke, hvor hendes grav er, jeg ville gerne lægge en blomst på den.

2. BARNDOMSHJEMMET PÅ GOLDSCHMIDTSVEJ

I København

Min søster og jeg skriver romaner, mine mostre og mor på terassen.

2. BARNDOMSHJEMMET PÅ GOLDSCHMIDTSVEJ

Bedstefar

2. BARNDOMSHJEMMET PÅ GOLDSCHMIDTSVEJ 39

Bedstemor

40 2. BARNDOMSHJEMMET PÅ GOLDSCHMIDTSVEJ

Min søster og mig, bemærk de smarte knæbukser

Første klasse, jeg sidder på første række nr. 3 fra højre

2. BARNDOMSHJEMMET PÅ GOLDSCHMIDTSVEJ

På stranden i Rørvig

Min mor er glad igen

3
I MELLEM HIMMEL OG SNE

Da jeg var helt lille, og vi stadig boede i Haderslev, var jeg efter sigende ved at dø flere gange af nogle voldsomme astmaanfald. Det blev bedre med årene, da jeg gik i underskolen var jeg dog stadig et svageligt barn, der hele vinteren måtte trække vejret gennem munden, næsen blev kun brugt til at dryppe Remidol i, et lægemiddel der siden blev forbudt pga. diverse bivirkninger, muligvis har jeg nogle af dem. Jeg fik mærkeligt udslæt, der skulle smøres med zinksalve og kobbervitriol, jeg kunne ikke tåle støv, husdyr, fugtig luft og en masse andet, men jeg var sjældent hjemme fra skole, og jeg syntes ikke selv, jeg var syg. Jeg tænkte ikke over, at andre mennesker kunne spise og trække vejret samtidig. Inde ved siden af i nr. 10 boede der en pige på min alder, der også hed Anette (men med ét n), hun var samme alder og ligeså bleg som mig og havde astma i nogenlunde samme middelsvære grad. Vi legede sammen næsten hver eftermiddag, om sommeren var den foretrukne leg cirkus på græsplænen, jeg havde engang set et slangemenneske i et ugeblad, så vi øvede os på at ligge på maven og få tæerne op i panden. Om vinteren legede vi på vores loft, hvor der var kufferter og kister fulde af gammelt tøj, så klædte vi os ud og legede frierleg, inde hos Anette legede vi postkontor eller doktor i al ærbarhed. Anette gad ikke lege med biler, det var der faktisk ingen der gjorde, så det måtte jeg gøre alene søndag formiddag, når Anette skulle i kirke; hjemme hos Anette troede man så meget på Gud, at man bad bordbøn. De første gange jeg spiste der, syntes jeg det var pinligt og meget krævende, hvor længe skulle man sidde der med bøjet hoved og hænderne i skødet, og hvordan kunne man snakke almindeligt, når man lige havde bedt til Gud? Men det kunne familien godt finde ud af, de tre store brødre grinede og pjattede, så snart de fik fat om kniv og gaffel.

Min mor havde hørt, at der var et astmahjem i Kongsberg oppe i Norge, det blev hendes projekt at få mig skippet derop i 4 måneder, og Anette skulle med, så jeg ikke var alene. Men for at komme derop skulle det anbefales af en specialist, mor fik booket en tid, hvor jeg var ekstraordinært snottet, havde hoste og udslæt, for at fuldende min sygelige fremtoning bandt hun et højrødt tørklæde om halsen på mig, det skulle få mig til at se særlig gråbleg ud. Projektet lykkedes, både Anette og jeg blev udtaget til at komme på astmahjemmet fra januar - maj 1955.

3. I MELLEM HIMMEL OG SNE

En af de første dage i januar i blæst og silede regnvejr fulgte min mor mig om bord på Norgesbåden, en dame krydsede af: nr 53 var ankommet, jeg blev anbragt på en bænk, min mor kyssede mig farvel – og jeg var alene i et mørkt, brunt rum, kun oplyst af blege børneansigter. Jeg fattede ikke, hvordan det kunne være, at jeg, der var bange for fremmede mennesker, hadede mørke, ikke kunne undvære min mor og min søster, kunne havne i denne forfærdelige situation. Anette måtte jo være et eller andet sted i dette undersøiske fængsel, men hendes nummer, var meget lavere end mit, det vidste jeg, for vores mødre havde syet små mærkater med numre ind i alt vores tøj, og vi sad efter nummer. Mor syntes Bamse var for soveskæv og ussel, så jeg havde også fået en fin ny dukke med, der var ingen grund til at give mig en sværere start end nødvendigt i de nye omgivelser ved at røbe, at jeg var en underlig pige, der aldrig legede med dukker. Turen op igennem Kattegat og Skagerrak ville have fået mig til at tænke på slavernes rædselsrejse over Atlanten, hvis jeg havde vidst noget om det. De snottede, søsyge børn hang, sad, lå, skvulpede apatiske rundt i det beklumrede kahytsrum; var Rørvig Paradis var det her Helvede. Men sejlturen fik jo en ende, og i Oslo blev vi stuvet ind i nogle busser, og selvom søsygen og sorgen sad tykt i halsen, kunne jeg ikke undgå at føle et strejf af glæde, da jeg fra vinduet så de første sneklædte grantræer vippe venligt med grenene.

Astmahjemmet ligger højt oppe på en bakke, med mange store vinduer kigger det ud over dalen. Den formiddag var alt lyst, solen skinnede, sneen glitrede, og på trappen stod en gruppe smilende damer med forklæder, der var store og hvide som sejl, det var "tanterne" parate til at modtage bussens last af trætte og forknytte børn.

Det næste, jeg husker, var grænseoverskridende og har præget mit forhold til madpakker lige siden. Vi fik besked på at aflevere vores ikke opspiste madpakker i køkkenet, derefter skulle vi gå ind og finde vores plads i den store spisesal, kort efter gik svingdøren op, og flere hvidklædte damer marcherede op ad midtergangen og anbragte et stort ovalt rustfrit fad på hvert bord. Der lå indholdet af alle vores transportsyge madpakker, det skulle spises først, bagefter kunne vi få ekstra fedtemadder. Jeg ledte fortvivlet og forgæves efter en mad med bedstemors leverpostej, men det stålfad, der var landet på mit bord var fyldt med brune bananmadder, figen- og rosinmadder, værst af alt sildesalatmadder, der fik en til at tænke på trafikuheld. Kvalmen, som var kommet under kontrol, vældede op med fornyet styrke. Som lærer og forældre har jeg smurt og spist madpakker hele mit voksenliv, men jeg har altid sørget for at lave dem til mig selv så "tørre" som muligt, spegepølse, ost – slut, og andres madpakker har aldrig fristet mig.

3. I MELLEM HIMMEL OG SNE 45

Astmahjemmet var en gave fra den norske stat til Danmark som tak for hjælp under anden verdenskrig, det blev indviet i 1948 og kunne rumme halvfjerds børn i alderen fra fire til seksten år. Den medicinske tanke bag hjemmet og behandlingen var, at astma ikke var en invaliderende sygdom, som skulle henvise børn med astma til et liv som permanente tilskuere og bænkevarmere; fysisk udfoldelse, frisk luft, omsorg og udfordringer var kuren. I dag kan jeg se, at der er oprettet flere facebooksider af gamle astmahjemsbørn, mange hævder, at opholdet faktisk kurerede dem. Flere af os havde levet pakket ind i uld og vat og med en minibar af medicin ved sengen, nu blev vi i bogstaveligste forstand pakket ud. Den plade af vandskyende vat, som min mor altid lagde på mit bryst under uldundertrøjen, blev smidt væk, piller, næsedråber og salver blev gemt væk i et aflåst skab, i stedet fik vi ski og skistøvler og bare tre timers skoleundervisning om dagen, resten af den korte dag, var vi ude. Alle facebookerne ser tilbage på opholdet som en frisættelse, en vækstperiode, en opdagelse af hidtil ukendt fysisk og psykisk styrke.

Alt det havde vi dog ikke den ringeste fornemmelse for de første dage efter ankomsten. En syndflod af tårer skyllede gennem hjemmet, vi græd os igennem døgnets 24 timer, tanterne trøstede i rimeligt omfang, men ellers blev vi straks sat ind i hjemmets rutiner. Vi fik vores plads på en sekssengsstue, pigerne i stuetagen og drengene på første sal, fik et privat skab i opholdsstuen og blev delt op i skolehold 1 og 2. Efter 3 dage havde syndfloden passeret, og det var, som havde den taget savn og hjemve med sig, kun i nattemørket kunne der af og til falde nogle dryp.

Skolemæssigt blev vi inddelt i det store hold og det lille hold, det store omfattede fjerde klasse og opefter og det lille tredje og nedefter, hvad børnehavebørnene lavede, ved jeg egentlig ikke, tanterne var sygeplejersker og ikke pædagoger. Vi havde dansk og regning, det var vist, hvad man kunne nå på 3 timer om dagen. Fru Olsen, som var enelærer, praktiserede differentieret undervisning som i den gamle landsbyskole. Hun var en stor dame, som nødigt forlod sit kateder, og hun havde en sindsro som det norske fjeldmassiv. Med faste mellemrum travede vi op til katederet for at få små hak på vores skønskriftsark og regnestykker eller få udmålt en lektie i læsebogen. Jeg kom på det lille hold, men midt i forløbet mente fru Olsen, at jeg kunne opgraderes til det store hold. Den største forandring ved det var, at jeg fik lov til at skrive genfortælling, en disciplin som trænede opmærksomhed, hukommelse og skrivefærdighed, men de små historier belærte os også om dyder og værdier såsom næstekærlighed, sparsommelighed, lydighed og renlighed. Jeg var rasende stolt, og lidt nervøs, for det betød, at jeg så skulle stå på ski med de store. Jeg må have klaret denne udfordring, for ved slalomkonkurrencen i marts vandt jeg et lille sølvbæger og fik et fint diplom. Engang om ugen gik der en dansktime med at skrive brev hjem, af en eller anden grund skulle fru Olsen altid se brevet igennem, inden det blev afleveret til afsendelse, hun rettede ikke stavefejl og censurerede vist ikke indholdet, men i og med det skulle fremvises, var der alligevel ting, man undlod at skrive. Min mor har gemt alle brevene, de lå i en konvolut ordnet efter dato, jeg fandt dem, da hun var død. Det er mærkeligt at læse breve, man selv har skrevet for mere end halvtreds år siden. Den ni - tiårige pige, der skriver disse breve elsker at stå på ski, at klatre i fjeldene, har problemer med at sove om natten, er frygtelig omhyggelig med at sige tak for chokolade, lommetørklæder, strømper, dukketøj, frimærker og tandpasta (forældrene skulle sende internationale frimærker, så blev de byttet til norske, tandpasta, kam og børste og andet til personlig pleje var heller ikke standardudstyr på Astmahjemmet). Brevene indledes oftest med "kære allesammen", men med særlige henvendelser til "mor", som bedes sende dit og dat, og så er der hilsner til diverse gamle tanter og skolelærere. Af brevene kan jeg se, at mor har husket mig på familiens fødselsdage, hvilket jeg er lidt fornærmet over, for selvfølgelig husker jeg bedstemors og moster Lones og bedstefars fødselsdage. Pigen er også mærkelig brutalt ærlig, hun skriver fx efter tre uger: "Jeg tænker værken på jer om dagen eller om natten, jeg kan ikke forstå at misse savner mig (husets kat), for jeg savner ikke den". Noget senere hedder det dog "I kan tro jeg tænker på jer derhjemme, og jeg glæder mig altid til at skrive hjem". Hvad jeg helt havde glemt er, at pigen "hygger sig med at bede fader vor om aftenen, elders kan jeg ikke sove". De breve, der kom hjemmefra, fik vi selv lov til at læse, hvis vi kunne. Jeg kendte altid mors breve på den tykke brune konvolut, for der var altid en ting i, det kunne være et Anders And blad, et lommetørklæde eller en tube tandpasta. En dag fik jeg en almindelig hvid, tynd konvolut, det var ikke mors håndskrift med de lange op- og nedstreger, men jeg kendte skriften, og den gav mig en svag kvalme, det var fra min far, han skrev, at jeg havde fået en lillesøster. Det undrede mig, at jeg skulle have det at vide, for jeg kom vel ikke til at kende hende. Det gjorde jeg nu, da min far var død fik vi et tæt venskab.

Pakker skulle tanterne åbne, for hvis der var slik i, skulle det inddrages i den store fælles slikpulje, som der var uddeling fra lørdag aften til højtlæsningen eller filmforevisningen. Min mor sendte tit pakker, hun strikkede flittigt til den tvangsmedbragte dukke Mogens Erik (opkaldt efter min fætter i Amerika). Efterhånden fik jeg et ganske nært kammeratligt forhold til ham, han blev ikke en trøster ligesom Bamse, hans hoved var for hårdt og glat, men trøst havde jeg heller ikke så meget brug for mere. Mogens Erik kom til at dele min glæde for skiløb, for mor strikkede en garderobe af blå-hvid- røde skisæt til ham, jeg klædte ham på om morgenen, og så kunne han sidde på sengen med sine opsmækkede blå øjne og stirre ud af vinduet, mens jeg var ude og få ligeså røde kinder som ham. Jeg må have skrevet til mor, at al slik blev inddraget ved modtagelse, for engang imellem drattede der bændellakrids og Pernillechokolade ud af skitøjets ærmer og bukseben, det blev listet op under min striktrøje og smuglet ind i det private skab, hvortil der ikke var adgang for andre - heller ikke for tanterne.

Det kan godt være vi ikke gik så meget i skole, men til gengæld var vi aldrig syge, og jeg var nærmest forud, da jeg kom tilbage i min skole. Og vi lærte en masse dagligdags og gavnlige ting, som forældre kan have svært ved at lære deres børn – også dengang. Hver morgen skulle vi rede vores egen seng, lagenet skulle ligge så stramt, at man kunne tromme på det, dyner og tæppe arrangeres så de flugtede sengens ramme, ikke hang og daskede ned på gulvet, bamser og dukker sidde på række, så kom inspektionen, og vi fik stjerner for udførslen af sengeredningen. Vi var inddelt i hold, der på skift skulle dække bord, hjælpe med madlavning hovedsagelig kartoffelskrælning, bære ind og tage ud, hjælpe med opvask og oprydning. Om aftenen skulle der tørres gulv og sprittes haner og vandfade i det store fælles pigebadeværelse. Alt blev inspiceret, og det foregik ikke igennem fingre, der var ingen unødvendig ros, fællesopgaver var bare ligeså naturlige og selvfølgelige, som det var at spise eller sove.

Da jeg kom på Astmahjemmet havde jeg en overbevisning om, at jeg ikke brød mig om små børn, ligesom jeg ikke kunne lide kradsuld og figenmadder. Jeg vidste ikke noget værre end at komme på besøg hos en familie med børn, og værst var det, når de havde små børn, som jeg skulle lege med. Min søster og min mor sagde, jeg var bange for dem. Det ved jeg nu ikke, om jeg var, men jeg vidste ikke, hvad jeg skulle stille op med små børn, de gjorde mig usikker og genert med deres ligefremme krav, manglende afstand, deres uforståelige sprog og gramsende fingre, der skulle have fat i alt, de kravlede ind over min urørlighedszone og trængte mig op i en krog. På Astmahjemmet var de mindste børn bare fire år, når jeg ser dem på fællesbilledet nu, siddende i skrædderstilling på forreste række med halvåben mund og stirrende øjne, bliver jeg helt blød om hjertet, nr. tre fra venstre er en lille buttet dreng i ternet skjorte og et lidt betuttet himmelvendt blik, ham fik jeg tildelt som særligt ansvarsområde. Alle de større børn skulle fungere som en slags storesøster eller storebror for et mindre barn, da jeg hørte til midtgruppen havde jeg både en "storesøster" og en "lillebror". Hver aften skulle jeg sørge for at lille Olaf fik børstet tænder, blev vasket og puttet, så læste tanten godnathistorie og slukkede lyset, om morgenen skulle jeg hjælpe ham med at blive klædt på. Jobbet som storesøster var ikke særlig krævende, vi skulle ikke lege med de små eller holde øje

3. I MELLEM HIMMEL OG SNE

med dem, men det opøvede en ansvarlighed og for mig betød det, at det intimiderende ved små børn forsvandt, siden er jeg blevet rigtig glad for dem, hvilket stadig kan forundre min søster.

Min "astma-storesøster" hed også Anette, hun var ok, men jeg ville hellere have haft Lulu. Lulu var femten år og utrolig smuk, hun havde en lang kastaniebrun hestehale og pandehår som en pony, alle drengene var vilde med hende, og vi mindre piger kappedes om hendes opmærksomhed og ville gerne efterligne hende i alt. Det dog var lidt svært, for vi havde jo kun det tøj, vi havde fået med, og kombinationsmulighederne var begrænsede, og som med det meste andet havde tanterne det sidste ord, når det gjaldt påklædning. Hver stue havde sin tante, vi havde tante Grøn, hun var også smuk, hun lignede Snehvide fra farmors eventyrbog, hun havde sort pagehår, der sad som en scooterhjelm om hendes ansigt, og hun var sød. Da jeg kom hjem igen, skrev jeg et brev til hende om, at jeg savnede hende, og uden at min mor så det, puttede jeg mine månedspenge, en femkroneseddel ned i konvolutten – gad vide, hvad hun har tænkt, da hun åbnede det brev. Tante Grøn havde en kæreste der hed Ole, han var en af de få voksne mænd, vi havde kontakt med i de fire måneder, han tog på sig at være vores allesammens onkel og dryppede lidt drenget vildskab i legene. Han kunne starte en sneboldkamp, kælke med os ned af den store bakke, give os en ordentlig snevasker og bagefter indkassere en skideballedele fra tanterne, når vi var blevet så våde, at vi måtte ind og skifte tøj - Ole og tante Grøn var vores Ken og Barbie.

Det var en almindelig antagelse, at man skulle have en kæreste, de store fandt selv ud af det med de komplikationer, der altid vil være, fordi det projekt sjældent går lige op, nogens magnetfelt er stærkere end andres, og nogen har ligesom kun negative poler. I lang tid slap jeg for en kæreste, men da forårsfesten nærmede sig, mente de store piger, at de måtte tage affære, så lige pludselig var jeg kæreste med Erling. Jeg kunne godt have tænkt mig noget mere interessant, men der har nok ikke været så mange tilbage at vælge imellem. En aften fik jeg en lille krøllet seddel, som var blevet firet ned fra drengenes etage, den var fra Erling, som af de store drenge havde fået at vide, at nu var han kæreste med mig, og så skulle han skrive en seddel, det gjorde kærester. Jeg skulle så sende en bekræftelse tilbage, jeg var ikke meget for at opgive min singeltilværelse, men lod mig overtale, jeg havde jo ikke nogen kæreste, så hvad var argumentet? Det var nu heller ikke så slemt, vi sendte lidt sedler til hinanden om aftenen, så fik man øvet den genre, og til forårsfesten dansede vi noget hopsa, det var det eneste jeg havde nået at lære på danseskolen i Haderslev, det var Erling med på, selvom der var andre, der brugte musikken til vals og kinddans.

Vi lærte at stå på ski på den hårde måde, bag Astmahjemmet var der

3. I MELLEM HIMMEL OG SNE

en stor gårdsplads, der var et cirkelformet spor, som vi løb rundt i uden stave de første 14 dage. Der var ingen, der spurgte, om nogen havde stået på ski før, man kunne jo altid udvikle sin teknik. Vi lærte at bruge hele kroppen, hvis vi var blevet deroppe, havde vi måske også fået det her elegante, seje hofteløft, som på lang afstand adskiller en nordmand på langrend fra en tøffende dansker. Hvis man syntes, at denne grundskitræning var lidt kedelig, så kunne man i middagspausen putte sne i sine støvler, vi måtte nemlig ikke komme ud med våde støvler. Det gjorde jeg én gang og fortrød det allerede, inden jeg havde fået lagt himmelkanten på det puslespil, som var dagens indesyssel. Da de andre kom ind blussende af varme og kulde og endorfiner, sad jeg med tørre sokker og følte mig lidt som farmor, der aldrig var med, men altid bare så på, og lovede mig selv, at det skulle ikke ske igen.

Da vi efterhånden havde fundet ud af at koordinere ski og stave, kunne bugsere os op ad en bakke både med skiene i sildeben og parallelle, kunne plove, svinge og frem for alt standse, oprandt dagen for den store fjeldtur. Vi, det store hold, løb en tidlig morgen i en lang række ud af Astmahjemmets gård med kurs mod højfjeldet. Man skulle holde sin plads i rækken, og Ole, som løb forrest var herre over hvile- vand- og rosinpauser. Hvis man ville have huen af, løsne halstørklædet, tørre snot og sved af med en vante eller havde andre private gøremål, måtte det ske uden at skabe rod eller stop i rækken. Øjnene var rettet skråt nedefter mod de skiender, der rytmisk gled fremad i sporet, den mindste ændring i afstand blev registreret og korrigeret. Det var hårdt, og hvis skistøvlen begyndte at bide i hælen, og huden svarede igen med en vabel, var det direkte pinefuldt. Men det var også vidunderligt at presse kroppen til det yderste, mærke luftens kulde og solens varme, høre skienes rolige hvislen og bagmandens hurtige vejrtrækning, bare at være et bundt sanser, en tankeløs beholder midt i mellem den hvide sne og den blå himmel. Og så få øje på toppen og en sort prik, som hver gang man kiggede op mere og mere lignede det den var – en lille hytte og med de absolut sidste kræfter kæmpe sig op til den, spænde skiene af og stadig med skienes rytme i benene vakle fuldemandsagtigt ind i hytten og synke ned på en lys, lakeret fyrretræsbænk, det var en lykke, jeg lærte at kende på min første fjeldtur!

Og nedturen, hvor man stadig var beruset af anstrengelsen, men nu bare skulle holde skiene i sporet og fjedre lidt i knæene, nu kunne man løfte blikket og betages af det panorama, som man kun havde skævet til gennem øjenkrogene på opturen. Da vi i skumringen løb ind i Astmahjemmets gård, var vi ligeså stolte og udmattede som Siriuspatruljen må have været efter at have krydset indlandsisen.

3. I MELLEM HIMMEL OG SNE

Tiden, hvor vi skulle hjem nærmede sig, i det sidste brev skriver jeg temmelig overbevisende, at jeg glæder mig til at komme hjem, til at komme i skole og se dem alle sammen, dog korrigeres glæden hele tiden af et "men", som udtrykker, hvor svært det nok bliver at sige farvel. Balancen er lige ved at tippe, da jeg en aften er kommet i tanke om, at jeg sikkert skal til tandlæge, når jeg kommer hjem.

Jeg kan ikke huske hjemturen, og jeg kan ikke huske velkomsten, som sikkert har været festlig og kærlig. Havde jeg troet, at jeg ville komme hjem til det samme liv, som jeg havde forladt, kom jeg hurtigt til at tro om igen, der var sket store ting i min mors liv, som skulle forplante sig til vores. Da jeg kom hjem fra Norge, gik det trygge liv på Goldschmidtsvej ind i sin sidste fase, og jeg skulle få brug for den mentale og fysiske styrke, som jeg mener Astmahjemmet, umærkeligt havde pakket ned i min kuffert.

Hele holdet vinter 1955, jeg står nr. 4 fra venstre i noget ternet. To rækker bagved står min elskede tante Grøn med sit sorte pagehår, til højre lige foran hende står Lulu, lille Olaf sidder på gulvet nr. 3 fra venstre

3. I MELLEM HIMMEL OG SNE 51

Tante Grøns kæreste Ole giver en vasker

Det blev også forår

4

KERNEFAMILIE PÅ LERFØDDER

Det er din far!

En solrig søndag i maj, mens vi stadig boede på Goldschmidtsvej, bekendtgjorde min mor, at vi skulle på en heldagstur. Det var ikke så usædvanligt, for vi tog tit i skoven, på Frilandsmuseet, på besøg eller noget andet, som gjorde, at vi i fred kunne lege mor og børn. Jeg tror mor havde behov for en gang imellem at slippe ud af storfamiliens venlige, men også krævende fangarme. Vi cyklede væk fra Frederiksberg og ind i snævre gader, gennem kvarterer, som jeg slet ikke kendte, det var en mærkelig udflugt. Endelig satte vi cyklerne på noget, jeg senere fandt ud af var Hans Knudsens Plads, her holdt der en bus, og den stod vi op i. Bussen var næsten fuld, men ikke helt fuld, alligevel fik jeg at vide, at jeg skulle sætte mig på skødet af den mørkhårede fremmede mand med en store næse, som sad ved et vindue. Jeg husker ikke, om mor satte sig ved siden af eller, om hun og min søster sad et andet sted i bussen, min synsfelt begrænsede sig til skyggen af mandens profil og det vindue, som blikket kunne flygte ud af. Jeg hørte min mor sige, at jeg skulle kalde manden for "far". Der var den længste bustur i mit liv og sikkert også i mandens liv, vi var lige generte og skrækslagne, turde overhovedet ikke røre os, men sad musestille, mens mine svedige lår, så jeg senere, da vi stod ud i Grønholt, satte mørke pletter på hans lyse bukser. Mange år senere fortalte jeg en psykolog om denne hændelse, hun så på mig og sagde med overbevisning: "Der blev begået et alvorligt overgreb imod dig dengang ". Det var en stor befrielse, som at få taget de sorte, strammende tråde ud af et kæmpestort lægt sår, selve arret havde jeg for længst vænnet mig til.

Som jeg dog misunder nutidens børn og unge, der uden tøven taler om "papfædre" og "stedfædre", og frejdigt bruger fornavne om dem. Mor ville med vold og kærlighed etablere den tabte kernefamilie, nu skulle vi sige far, så også omverden kunne høre det. Selv havde hun næppe brugt ordet "far" i tiltale, han forsvandt så tidligt ud af hendes liv, og de få gange jeg har hørt hende tale om sin far, var det ikke med

4. KERNEFAMILIE PÅ LERFØDDER

"min far", men med hans navn. Bare vi dog havde fået lov til at kalde den nye mand i mors liv ved navn, så tror jeg, en del havde været lettere. Jo ældre jeg er blevet, jo sværere er det blevet at omtale ham som far, og det har jeg dårlig samvittighed over, for på mange måder kom han til at udfylde en faderrolle. Men det er noget, jeg ikke ved så meget om, for jeg føler faktisk, at jeg aldrig har haft en såkaldt "rigtig" far, jeg har haft en biologisk far og en stedfar. Men ingen af dem leverede det nærvær, den støtte, den drift mod forståelse og beskyttelse, som jeg ser, at mine voksne drenge nu har i forholdet til deres børn. Min biologiske far gav mig mit navn og en arvemasse, som både har været mig til glæde og til besvær. Jeg ligner ham i udseende, og i det korte voksenliv, vi fik sammen, viste det sig, at vi havde en fælles interesse for sprog og anden humaniora. Men hvis den svaghed og konfliktskyhed, som blev hans ulykke også har ligget i mine gener, har jeg gjort meget for at bekæmpe den. Min stedfar gav os økonomisk tryghed, men ikke følelsesmæssig tryghed, han havde selv været et uelsket og forsømt barn, opvokset i en familie, der ernærede sig ved at have forskellige permanent eller midlertidigt forældreløse børn. Han havde aldrig oplevet kærlighed fra hverken forældre eller bedsteforældre, han havde ingen forbilleder og ingen resurser at tage af.

Jeg var et såkaldt "nemt barn", så jeg gjorde som mor sagde, jeg havde ikke nogen veneration for ordet "far". Men min søster led ved det, hun følte, at hun svigtede sin "rigtige" far, og da mor også ville have, at vi skulle skifte efternavn, eller minimum koble navnene sammen, nedlagde vi veto. Jeg har aldrig kunnet forlige mig med at hedde noget andet, end det jeg hedder, i et meget kort og meget umodent ægteskab hed jeg et årstid Petersen, jeg anede ikke hvem personen var, når jeg blev tiltalt med det navn. Siden har jeg aldrig sat mit navn på spil.

Begge mine fædre er døde, og jeg sårer ikke nogen mere, så derfor tager jeg nu den beslutning slet ikke at bruge ordet "far" om dem i resten af denne historien, min biologiske far er fra nu af Jørgen Erik (JE) og min stedfar er Knud.

Efter turen til Grønholt, som bortset fra busturen derop var helt vellykket, gik det hele meget hurtigt. Vi kom til te hos Knud i hans rækkehus, som virkede meget lille i forhold til det på Goldschmidtsvej. Han havde indkøbt to tørkager til hver, det lettede stemningen så meget, at mor fortalte os, at vi skulle flytte fra bedstefar og bedstemor og derud efter sommerferien. Det var lidt mere end to tørkager kunne klare, men sådan var det, hvis der har været nogle moderne sofistikerede refleksioner over, hvordan vi så på den sag, var det ikke noget vi mærkede noget til.

Min søster skulle ikke skifte skole, hun var kommet i mellemskolen

4. KERNEFAMILIE PÅ LERFØDDER 55

på et gymnasium, og det var meget fint. Jeg skulle egentlig skifte til Emdrup Skole, som så stor og fjendtlig ud, men jeg fik overbevist mor om, at jeg godt kunne cykle de 7 km til min egen skole. Selvom jeg ikke var særlig knyttet til klassen, så var jeg dog fortrolig med dens hierarki og min position i det, og jeg havde ingen grund til at tro, at jeg ville avancere i en ny klasse.

Den første del af sommerferien skulle vi tilbringe i Rørvig som sædvanlig, men i stedet for, at det var bedstemor og bedstefar, der sov inde i soveværelset, var det mor og Knud. Vi vidste ikke, hvor vi skulle gøre af os selv om morgenen, der var så stille, bedstefars tidlige morgenskramlen i køkkenet, som varslede, at et voksent menneske var gået i gang med at organisere dagen, var væk, og mor stak ikke hovedet ind og sagde godmorgen, vi lå bare i vores køjesenge og ventede. Heldigvis bankede naboen ofte på ruden og spurgte, om vi ville med ned og bade, åh det ville vi gerne, så smuttede vi ud af køkkendøren. Når vi kom tilbage var mor kommet ud af nylonnatkjolen og Knud af den stribede pyjamas, som vi slet ikke var klar til at se ham i. Det var ikke nogen rigtig god sommer, der var afsked i den allerede inden, den var begyndt, mor prøvede at fastholde den Rørvigske livsform med strand- og cykelture, boccia og bændellakrids, men Paradiset var tabt.

De sidste 14 dage af ferien skulle mor og Knud på en ferie til udlandet, hvorhen kan jeg ikke huske, vi skulle ikke være sammen med bedstefar og bedstemor, men bo hos Knuds gamle moster Visse, hun boede ude på landet nede ved Herlufmagle.

Knuds mor havde fået tre børn med en gift mand, det i sig selv var pinligt, men dertil kom, at Knuds mor var forstanderinde for et børnehjem, så hun kunne ikke vedgå, at hun havde sat uægte børn i verden. Den ældste - en pige blev bortadopteret, hun fik en tryg opvækst, blev godt gift og fik børn, hun var en ældre dame, da vi og Knud så hende for første gang, nogle år efter vi var flyttet til Emdrupvænge. Knud havde ikke anet, at han havde en søster, men da hun stod på dørtrinnet var der ingen tvivl, de lignede hinanden som den bedrøvede og den glade maske i Det Kongelige Teater, hun var den glade og Knud den bedrøvede maske. Knuds storebror tog faderen og hans kone sig af, de kunne ikke få børn, og det arrangement fungerede udmærket, vi kom hurtigt til at kende og holde af Holger, vi syntes han var sød og sjov. Knud var mindre begejstret for ham, måske var han jaloux, måske syntes han, at mor og Holger flirtede lidt. Knud havde det været noget sværere at få anbragt, han havnede i en plejefamilie, som havde et vekslende antal børn, oftest skuespillerbørn, som var resultat af lidt for stor indlevelse i en kærlighedsscene. At dømme efter Knuds beretning havde hjemmet ikke meget at give, hverken materielt eller følelsesmæssigt. Plejemor havde et noget specielt forhold til sin stedsøn, efter mandens død sov de

4. KERNEFAMILIE PÅ LERFØDDER

i dobbeltsengen, og Knud blev installeret i en seng for fodenden, indtil han var ti- tolv år. En gang imellem blev Knud inviteret ind til sin far, her kunne han sammenligne sit eget liv med Holgers, og det faldt ikke ud til Knuds fordel. Faderens kone kunne forlige sig med den ene søn, men den mutte lillebror pyntede ikke i familielivet. Faderen viste en vis ansvarlighed og bekostede en læreruddannelse på begge drenge, det gav dem et sammenhold. Knud kunne fremvise nogle gamle fotografier, hvor de to unge mænd står i nogle forførende plusfours med armene om hinandens skuldre. Moderen derimod forsvarede hele sit liv illusionen om, at hun var frøken, når hun af og til mødte drengene hos sin søster Louise kaldet Visse, ville hun kaldes Anna, og sådan blev vi også præsenteret for hende. Moster Visse havde valgt at følge det mest forsømte barn, og hun indsatte Knud som enearving. Jeg tror faktisk først den rette sammenhæng blev kendt for Knud, da moderen var død, og storesøsteren fik gravet hele historien op, der findes et dejligt billede af de tre aldrende søskende, der smiler til fotografen, sådan som de skulle have gjort for 50 år siden.

En tidlig morgen bar min søster og jeg vores cykler op af kælderen på Goldschmidtsvej, hægtede cykeltaskerne på bagagebæreren og begyndte den 60 km lange cykeltur mod Herluflille for at afholde 14 dages sommerferie hos moster Visse, som vi kun havde mødt én gang. Vi var beklemte, da vi startede, men fysiske strabadser har en gavnlig indflydelse på angst og bekymring. Da vi nåede frem, havde vi også så ondt i ryggen og i røven, at vi ikke havde svært ved at simulere glæde ved synet af moster Visses lille magre, vindtørre skikkelse og hendes tykke bjæffende gravhund Top.

Moster Visse var ikke mild og fordringsløs som farmor, hun var skrap og bestemt, hun havde hænder som grene, der greb fat i en, når man var ved at gøre noget forkert, hun havde familiens store næse og kødfulde blege læber, der smaskede, når hun spiste. Det var utænkeligt, at man skulle gå med hende i hånden, give kindkys eller søge anden fysisk kontakt med hende. Egentlig var Moster Visse et professionelt godt menneske, hun havde taget sig af mange svage, ensomme og syge mennesker igennem sit liv, hun hævdede hun var sygeplejerske. Men vi følte os forviste og opbevarede hos hende, om aftenen krøb vi tæt sammen under dyner, der var tunge, som var de stoppede med hele ænder. Der var faste regler for, hvad man måtte og ikke måtte hos Visse, man måtte ikke læse i sengen, det brugte for meget strøm, men heldigvis havde vi på trods af de lyse sommeraftner taget vores nefalygter med, så dem tændte vi under dynerne og læste i smug; håndvasken skulle tørres af med en bestemt klud efter brug, bordet dækkes på en bestemt måde, vinduer og døre holdes åbne og lukkede på bestemte måder. Intet

4. KERNEFAMILIE PÅ LERFØDDER

af det var urimeligt, det var bare for meget, vi kunne ikke rumme flere nye forhold. En aften fik vi frugtsalat til dessert, desværre var der godt med rosiner i, og vi vidste, at vi ikke kunne lide rosiner, min søster prøvede at undgå, at de brune, opsvulmede rosiner smuttede med op på skeen, da hun tog af skålen. Moster Visse så strengt på hende og sagde med en borgfrues stemme: "Her på Carlsbo graver man ikke!" Det var dråben, der fik bægeret til at flyde over, vi vedtog, at vi ikke kunne lide moster Visse, og at vi aldrig ville deporteres ned til hende igen. Senere har jeg tænkt, at det da heller ikke har været sjovt for den gamle dame at tage imod to vildt fremmede piger, som mod deres vilje var blevet anbragt hos hende som feriebørn.

Men der var også gode stunder, det var i hindbærsæsonen, og moster Visses store have var delt over på midten i en prydhave og en bærhave, hindbærrene sad som store blodrøde fingerbøl lige til at løfte af og putte forsigtigt ned i skålen eller hurtigt op i munden. Inde på gården ved siden af var Rosa og Poul både yngre og mindre strikse, købmanden overfor gav os af og til en pose pinocchiokugler, og nede i det fælles frysehus lå der en halv gris, sådan en havde vi aldrig set før.

En morgen var de to uger gået, vi kunne pakke vores cykeltasker, hægte dem på cyklerne, give pænt hånd til moster Visse, det var heldigvis før der gik inflation og tvang i knus og kram. Vi stod op i pedalerne hele vejen ud til Ringsted landevej, grinede og sang, og repeterede alle de sorgmuntre oplevelser, vi havde haft. Da vi var kommet halvvejen til København faldt humøret lidt, dels pga trætled, dels fordi vi begyndte at se de skyformationer, som varslede flytning og nye store omvæltninger.

Livet i rækkerne

Mens jeg var i Norge, var min mor blevet ansat som husholdningslærerinde på Bellahøj Skole, det var her Knud og hun mødtes hinanden. Knud, som var 46 år må være blevet meget forelsket i den livlige, kønne nye lærerinde, for han opgav uden lange overvejelser sin behagelige ungkarletilværelse og sin halvhjertede forlovelse med skolens sundhedsplejerske for at begive sig ind i det for ham totalt ukendte land, der hedder familie. Om mor var så forelsket, ved jeg ikke, men hun var 38 år og ville have sit eget nu. Hun var træt af at være hjemmeboende datter, og Knud havde reelle hensigter (de blev gift i efteråret 1955) og et pænt lille rækkehus, mor kunne godt lide rækkehuse, de havde små haver og tæt til naboer. Mor var et selskabsmenneske, forstået på den måde, at hun var fantastisk god til at falde i snak med alle mulige mennesker, hun var hjælpsom og gæstfri, men hun havde kun få tætte venner, hun trivedes bedst med de uforpligtende bekendtskaber, som ikke skabte konflikter i hendes kernerelationer.

58   4. KERNEFAMILIE PÅ LERFØDDER

Måske har Knud og mor slet ikke været ude at rejse, mens vi var hos moster Visse, for da vi kom tilbage stod rækkehuset fikst og færdigt til indflytning. Knud ville hellere have været arkitekt end skolelærer, arkitektdrømmen manifesterede sig i de moderne møbelklassikere, som han havde indkøbt igennem årene. Mor havde ikke rigtig sans for Wancher og Wegner, Mogensen og Jacobsen, hun ville hellere have nogle af de opmagasinerede arvestykker i brug igen, chatollet, det runde hjørneskab, dragkisten og det store rummelige linnedskab. Knud var ikke begejstret for at få blandet de blanke flader og rene linjer med udskæringer og rosetter, men mor fik da listet lidt ind og med tiden mere og mere, så det nøgterne, stilsikre ungkarlehjem efterhånden forsvandt i almindelig stilforvirring og impulskøb fra udenlandsrejser. Mor mente også, at det var helt nødvendigt at have en spisestue til - når der var gæster, men da rækkehuset var temmelig lille og fra 40'erne, var det kun udstyret med én stue. Det ene store værelse ovenpå måtte inddrages og huse et stort spisebord, vi kunne se, at i de andre huse blev dette værelse brugt som børneværelse. Min søster og jeg fik så et ganske lille smalt værelse, hvor der kunne være en køjeseng, et skrivebord med en stol, forbeholdt min søster, som jo gik i mellemskolen, en kommode og en lav bogreol, hvorpå der stod en lille sort radio og lidt nips. Sengene havde fine rød- og blåblomstrede sengetæpper med en lille flæse, vi syntes det var et utrolig hyggeligt værelse, jo tættere vi var på hinanden jo bedre.

Når jeg vågnede om morgenen, kunne jeg læne mig ud over kanten og kigge ned på min sovende søster, som var blevet 13 år den sommer og var begyndt at få små røde bumser i panden. Mor tændte for radioen kl. 6.45, når hun gik i badeværelset, så kunne vi ligge og vågne til skibspositionerne, og følge med i, hvornår Vera Basse gik fra Singapore, og når fiskerinoteringerne havde oplyst os om prisen på kuller, var det vores tur i badeværelset. Mor havde morgenmaden klar, når vi kom ned, kl. 7.20 skulle vi bære vores tallerken ud og begynde at tage overtøj på, kl. 7.25 gå ud af døren og hente vores cykler i cykelkælderen overfor, kl. 7.30 vinkede mor fra hoveddøren. Hvis vi tog bussen, skulle vi gå hjemmefra kl. 7.15, så det gjorde vi ikke, jeg har aldrig syntes, at regnvejr eller blæst var en god grund til ikke at cykle.

Om eftermiddagen kom vi alle sammen hjem nogenlunde samtidig, så drak vi en kop te nede i den lidt mørke stue, hvorefter min søster og jeg skyndte os op på vores værelse, først der var vi rigtig hjemme.

På et tidspunkt kaldte mor fra køkkenet, så skulle vi gerne stå ret i køkkenet, klar til at udføre de uddelegerede opgaver, hovedsaglig kartoffelskrælning og borddækning, men efterhånden blev vi forfremmet til at stege medisterpølse og lave opbagt sovs. Mor lavede enkel og hurtig mad, hun stod i skolekøkkenet hele dagen, så hun havde egentlig fået madlavning nok. Mor fulgte aldrig en opskrift til punkt og prikke,

4. KERNEFAMILIE PÅ LERFØDDER 59

hun skimmede den og så stort på knivsspidser af diverse eksotiske krydderier. Sjov nok var opskrifter noget af det sidste, hun blev ved med at ville se, da hun blev alvorligt syg. Det var slut med to retter, men til gengæld var salater ved at komme ind i menuen, gulerodsalat, grønkålsalat, grøn salat med tomater, mor var ikke husholdningslærerinde for ingenting, vi fik god nærende mad. Reglerne fra Goldschmidtsvej blev ikke håndhævet, vi fik aldrig noget, vi ikke kunne lide – lige bortset fra kogt tunge, som egentlig så værre ud, end den smagte, det var umuligt at betragte den som mad; den gris, som havde haft tungen i munden før os, stod ligesom og iagttog os bebrejdende, når vi satte kniv og gaffel i den. Opvask, oprydning og madpakker var en ren pigebeskæftigelse ligesom al andet husarbejde. Knud satte sig fra spisestolen lige over i sin lænestol, hvor avisen lå og ventede som en slags opvarmning til Pressens radioavis. Knud og mor skulle meget sjældent noget om aftenen, de sad i stuen og hørte radio, senere blev det fjernsyn, dvs Knud så fjernsyn, mor strikkede og småsov i sit sofahjørne. Efter opvasken havde min søster og jeg "fri", vi strøg op på værelset og lukkede døren, så var vi i vores egne lille beskyttede verden, hvor vi kunne fnise, snakke, høre grammofon eller læse.

Vi var blevet for gamle til oplæsning, så vi måtte selv finde noget litteratur, tidens lyserøde Puk- bøger, var ikke noget for mig, jeg kunne ikke lide farven, den var for piget. Jeg havde en svaghed for en serie, som handlede om sygeplejersker på et hospital "Piger blåt", "Piger i gråt" og "Piger i hvidt" – det refererede vist til deres uniform og dermed rang på hospitalet. Min klasselærerinde Fru Folke mente, de var lidt for avancerede for mig, hun anbefalede Tove Ditlevsens bøger om Annelise 13 år, de var skam også gode. Men i 1955 var den legendariske serie "Illustrerede Klassikere" begyndt at udkomme, den kom hver 14. dag; den var der ingen af pigerne, ligegyldigt hvad farve uniform de havde, der kunne konkurrere med. I begyndelsen kostede et blad 1,50 kr., det var mere end et Anders And blad, og selvom man kunne lære meget af Anders And, fx, at der findes ildfluer i virkeligheden, og at regn kommer fra vandmættede skyer, så var "Illustrerede Klassikere" i en helt anden vægtklasse. De var verdenslitteratur i børnehøjde: Iliaden, Odysseen, Skatteøen, Greven af Monte Christo, En verdensomsejling under havet, Onkel Toms hytte, To Byer – stort set alle de store fortællinger, man skal kende til for at kunne kalde sig alment dannet. Det var ikke altid billedsiden var perfekt, farvetrykket kunne have ramt lidt ved siden af, så heltindens røde læbestift sad godt oppe under næsen, men tekstsiden var fremragende, vekslende med letlæste talebobler og forklarende regitekster, var der direkte citater fra de originale værker i en god oversættelse. Desværre forsvandt min samling på et eller tidspunkt i min ungdom, men jeg kan stadig huske slutreplikken fra Romeo og

4. KERNEFAMILIE PÅ LERFØDDER

Julie: "Nu brast et ædelt hjerte, en større sorg i verden ingen ved, end Romeos og Julis kærlighed"

Når diverse radioaviser og TV aviser var forbi, gik vi somme tider ned i stuen og lagde en kabale med mor, så kyssede vi Knud godnat på panden, mor ville komme op og putte os, det tror jeg hun gjorde, til vi flyttede hjemmefra. Mor kom op, når vi havde børstet tænder og lå i vores senge, nogle gange havde hun et par kiks med honning med til os og et tandglas til sig selv, heri skænkede hun en sjat af den brune søde Martini, som hun havde sat i bunden af min søsters klædeskab. Senere fik vi også et glas i stedet for honningkiksene, jeg husker ikke vi blev sat til at børste tænder igen. Inden mor gik ned i stuen igen, lyttede hun ved døren for at forvisse sig om, at Knud ikke var på trappen, før hun smuttede ud.

Når Knud og mor havde gæster, hvilket skete temmelig sjældent, var det mest kolleger fra skolen, og det var altid Knuds kolleger med koner. Dengang var det almindeligt, at gæster ikke bare havde blomster med til værtinden, men også noget til husets børn, der var særlig en ungkarl, som altid havde lommerne fulde, han var yndlingsgæst. Måske skyldtes chokoladeforsyningerne, at vi børn ikke sad med ved bordet, og derfor skulle have lidt kompensation. Vi løb op og ned af trappen med fade og sovseskåle, snavsede tallerkner og nye glas, det var jo ikke voldsomt praktisk, at mor absolut ville have spisestue i det ene værelse på første sal. Knuds kolleger var søde muntre mennesker, som tilsyneladende slet ikke kendte hans natside, som kom til at præge vores liv i Emdrupvænge så voldsomt. Knud var stolt af sin kone, når kollegerne kom, stolt af hendes udseende, hendes mad og vist egentlig også af hendes børn. Til hverdag kunne han brokke sig over al det "ragelse", mor havde haft med, men når der blev dækket op i den såkaldte spisestue med det fine gamle porcelæn og sølvtøjet, bød han gæsterne velkommen som om, de var kommet til nytårstaffel. Men inden de var kommet så vidt, havde de lige fået et glas tør sherry og en saltstang ned i stuen.

Mors foretrukne gæsteret var mørbradgryde med champignon, cocktailpølser og bacon, det kunne laves i forvejen, og slog aldrig fejl; jeg laver den også af og til gæster, dog uden cocktailpølserne. Efter middagen var der kaffe i nede stuen, der måtte vi gerne være med, og så var det tid til lysbilleder eller filmforevisning fra den sidste rejse – altså til udlandet. Efter et par timer i en mørkelagt stue, blev lyset tændt, og mere en engang kom der et par forskrækkede grynt fra lænestolene, gæsterne blev så belønnet med et kold Tuborg eller en perlende Druetta, den nye sodavand, som var lidt mere raffineret til voksne end citron- og appelsinvand.

4. KERNEFAMILIE PÅ LERFØDDER 61

Selvfølgelig var der børn i rækkehusene, og de kom også ud efter aftensmad for at lege, men det var fremmede børn og andre lege, og var det endelig de samme lege, var det efter deres regler. Jeg blev lidt veninder med Winnie, hendes far havde været politibetjent og i koncentrationslejr under krigen, nu var han chauffør for prins Viggo, nogle gange havde han den blanke sorte bil med hjem, så stod den der og strålede mellem de få folkevogne og Fiat 500'er, som ellers var "rækkernes" statussymboler. Winnies mor stod vist i butik, jeg kunne godt lide Winnies forældre, jeg ville hellere sidde nede i stuen hos dem end oppe på Winnies værelse og bladre i ugeblade. Familiens spisebord stod lyst ved vinduet, det var hyggeligt, når Winnies far drak en øl søndag formiddag og fortalte tophemmelige historier om livet hos prins Viggo. Min søster skulle så være veninde med Winnies storesøster Ilse, hun gik i 7. klasse og ville ud af skolen så hurtigt som muligt og i lære. Men min søster havde sine egne veninder på Frederiksberg, hun var vant til at befinde sig i klassens smørhul med de mest hippe piger, så det blev ikke rigtig til noget med Ilse. I det hele taget syntes min søster, at hendes liv indtil nu havde været en støt nedstigning af den sociale rangstige, lige med en repos på Goldschmidtsvej, som hverken var op eller ned.

Humørets tyranni

Mor og Knud blev gift i al stilhed december 1955. Jeg boede i Emdrupvænge fra jeg var 9 til jeg var 21, alligevel blev Emdrupvænge aldrig et rigtigt hjem, sådan som Goldschmidtsvej havde været det. Da min mor var død og Knud skulle på plejehjem, kunne jeg og min mand overtage retten til at leje huset, vi manglede faktisk et sted at bo, og huset var objektivt set meget attraktivt. Men jeg kunne ikke se mig selv i det hus, tanken gav mig klaustrofobi, væggene ville presse mig tilbage i den løgn og ufrihed, som jeg havde kæmpet for at komme ud af.

Årene i Emdrupvænge var præget af Knuds humør, det afgjorde, om stemningen i hjemmet var god eller dårlig. Jeg udviklede en fuldstændig overdreven sensibilitet overfor nuancer i stemmer i de år, den har jeg bevaret siden, og det er bestemt ikke altid en fordel. Da jeg jo var det nemme barn, og ikke var ældre end at jeg vel stadig kunne formes eller i hvert tilfælde programmeres, blev det min opgave "at passe" Knuds humør. Var stemmen glad og lys, blikket direkte, tænderne synlige i et smil, skulle humøret blot holdes ved lige, det kunne gøres ved at bede ham fortælle om sine rejser og vise billeder, tegne et eller andet, engang bad jeg ham tegne en havfruen, den tegnede han fra ryggen. Allerede i 1956 fik vi bil, så var en af de bedste kure til at bevare eller forbedre humøret at køre en tur op af den nye tosporede Hørsholmvej. Var stemme klangløs, blikket vigende og munden fast tillukket, var der krise på vej, værst var det, når der hverken var stemme eller blik. Knuds

4. KERNEFAMILIE PÅ LERFØDDER

humør fulgte en cyklus, som vi ikke kunne gennemskue, derfor følte vi os altid skyldige, det måtte være noget, vi havde gjort eller ikke gjort, noget vi havde sagt eller ikke sagt, som havde startet processen. Det var nemlig ikke sådan, at Knud vågnede en morgen og var "sur" (som vi meget forenklet kaldte tilstanden) eller glad, nej begge tilstande havde et langt forløb, før de kulminerede.

Jeg kan huske gode dage, hvor Knud var glad og givende, åbnede verden for os, hvor man trak vejret ubesværet, følte sig let og svævede, ligesom feberfri efter en hård influenza.

Men det var det truende mørke, den til angst grænsende utryghed, der sivede ind i væggene, det vi fornemmede, så snart vi trådte inden for døren, også som voksne. Når Knuds humør nåede bunden, talte han slet ikke, der kunne være fuldstændig tavshed ved middagsbordet i mere end en uge, hvis vi talte til ham, svarede han ikke, og vi kunne ikke sige noget til hinanden, det ville virke som om, vi holdt ham uden for, og det kunne forlænge og forværre tilstanden yderligere. Om aftenen skulle vi lige meget, hvor kritisk situationen var, kysse Knud på panden og sige godnat, når vi så var kommet i sikkerhed på vores værelse, listede mor ind til os og sad på sengekanten; så gættede og gisnede vi om, hvad der kunne være årsagen, og vi lagde planer for, hvordan vi skulle komme ud af mørket og tavsheden igen. Og her var det ofte mig, der fik det betroede job som lygtetænder, "allumeur de reverbère" som i *Den lille prins*. Jeg skulle sørge for at være alene med Knud, sætte mig på skødet, bede om hjælp til et eller andet, foreslå en køretur, eller hvad jeg nu fornemmede, kunne virke. Om det var mine anstrengelser, eller det var en sindets sindrige mekanisme er ikke til at sige, måske begge dele, intet menneske kan vel holde ud at holde sig selv indespærret i en blindgyde, lyset vendte langsomt tilbage. Mor har vel også forsøgt sig med de midler, som hun havde, og sommetider var barometeret steget, uden at jeg havde været henne og banke på det.

Oftest vidste vi ikke, hvad der havde udløst det fri fald i Knuds humør, så for en sikkerheds skyld løj vi – og det gjaldt os alle tre – vi løj om alt mellem himmel og jord – prisen på franskbrød, nye sko, hvor vi var henne og hos hvem, hvornår vi var kommet hjem, vi forskønnede, formindskede, fortav, sandheden var det sidste, der faldt os ind. Heldigvis var cykelturen hjem fra skole og kammerater lang, så der var godt tid til at finde på og vælge den bedste løgnehistorie, repetere den og udfordre den, så den blev ligeså holdbar som en sandhed.

Vi bebrejdede ikke mor, at hun havde trukket os ind i den suppedas, vi syntes det var synd for hende, at Knud var så vanskelig, vi nød hendes fortrolighed, hendes hjælp til at lyve og fortie. Det faldt os ikke ind, at hun som den voksne skulle gå ind og tage et ansvar for den familie, som hun så opportunistisk havde bragt sammen. Mor blev ved med at inddrage os i problemerne, efter vi var blevet voksne, når vi kom på besøg blev vi, inden vi sagde goddag til Knud, hevet ind i køkkenet, skydedøren forsigtigt trukket til, og så fik vi status ridset op, hvad vi måtte sige og ikke sige om dit og dat. Det var mere besværligt som voksen, fordi problemerne løgnene ofte ikke var ens egne.

Tiden op til fødselsdage, højtider og andre principielt festlige begivenheder var altid kritisk. Vi var ekstra forsigtige, opkvalificerede løgnehistorierne, i håbet om, at de kunne afværge et udbrud, i bedste fald kunne de forsinke udbruddet, men når det så kom, var det så meget mere langvarigt og svært at behandle. Knud har ødelagt mange familiefester især for min mor, som egentlig elskede at klæde sig smart på, føre sig lidt frem og le lidt for højt, ikke fordi hun blev fuld, hun drak særdeles mådeholdent, men fordi hun trængte til at skeje ud i ly af andre. Hun glemte bare, at hun blev iagttaget, og at bebrejdelserne var ved at blive bogført, så regnskabet var klart til efter festen. Mange år senere, da mor var død, fik jeg indblik i, hvor ensom og jaloux Knud havde følt sig ved sådanne lejligheder. Han havde ikke kendt til andre udveje end enten at gå eller sidde og "murre" i et hjørne, i det første tilfælde styrtede mor rundt og ledte efter ham, og i det andet kredsede hun om ham som fluen om lorten, og gjorde blot miseren mere synlig.

Det var den jul

Julen som altid havde været årets strålende juvel tabte noget af sin glans, vi holdt stadig selve juleaften hos bedstefar og bedstemor, men "skabelsesugen" fandtes ikke mere. Også i Emdrupvænge bagte vi, lavede konfekt og julepynt i dagene op til jul, men ritualer er sarte, de skal udføres med en logebroders omhu og agtelse, ellers mister de deres magi og virkning. Mor havde fuldtidsarbejde på skolen, hun var hurtig, praktisk og god til at organisere, så hun kunne godt få klemt nogle finskbrød og vaniljekranse ind mellem syv og ni den ene aften og dækket op med glanspapir, lim og sakse den næste aften. Men der er stor forskel på juleforberedelser, og fejring af julens komme.

I Haderslev var vi blevet fotograferet hver jul hos Stella Nova, da vi kom i skole dækkede den årlige fotografering behovet for portrætfotos, men i Emdrupvænge blev det anderledes. Knud var en dygtig og ivrig amatørfotograf, han havde taget mange billeder på sine rejser og var berømt for sine lysbilledaftner, nu havde han besluttet at bidrage til juleforberedelserne ved at tage "julebilleder" af os. Den aften skulle vi spise ekstra tidligt, for der skulle omorganiseres i stuen, så fotolamperne kunne få den rette afstand til motivet, maleriet af onkel Sally tages ned, det var ikke godt som baggrund, sofaen skulle flyttes ud fra væggen, og vi skulle stå klar nyfriserede og i tøj, der var velegnet til stort-hvidt fotografering. Lysmåler og tommestok var i gang, ledningerne snoede sig på kryds og tværs over gulvtæppet for at nå over til en ikke så belastet kontakt. Og så gik det jo galt alligevel, bedst som alt var i perfekt opstilling brast den store blitzpære. Temperaturen i stuen, som i forvejen var på saunaniveau, steg endnu et par grader, mor forsøgte at køle stemningen lidt ned ved at skænke saftevand og åbne døren til haven, men lamperne kunne ikke tåle temperaturskift. Vi blev sat i sofaen, og Knud lavede prøveindstillinger en face og i profil, med og uden smil, alene og i gruppe, mor gav os et lommetørklæde, så vi kunne tørre sveden af ansigtet, det skulle jo være julebilleder og ikke sommerbilleder. Hen ad kl. ti var opstillingerne perfekte, og der kunne knipses, den sidste nervepirrende finale bestod i, at Knud indstillede selvudløseren på ti sekunder, og så skulle han kaste sig mellem ledninger og lamper og ramme sofaen mellem mor og os, inden apparatets summelyd endte i et klik, det lykkedes sjældent første gang. Når der var begrundet håb om, at familiebilledet var i kassen, måtte vi gå op i seng, vi faldt i søvn til den lykkelige lyd af oprydning efter julefotograferingen.

Efter julefotograferingen lå vejen åben for Knuds gedigne vinterdepression. Om den udløstes af de kontinuerlige indkøb af hvad, der nødvendigvis hører til julen, af udsigten til at skulle være sammen med mors familie flere dage i træk, eller det bare var decembermørket, er ikke til at sige, men depressionen var ikke til at tage fejl af. Og Knud blev endda præsenteret for et skånebudget, både gavernes antal og priser var redigeret, mor havde mange små pengekasser, som hun fik til at arbejde kreativt sammen. Under sengen lå der altid et større depot af ting og sager, som var købt i et øjebliks opstemthed, de kunne med lidt julepapir blive til gaver. At gemme sine indkøb og snyde lidt med husholdningsregnskabet var den mest almindelige sport for kvinder i min mors generation, dengang som nu har mændene nok taget sig af de større økonomiske fiflerier.

Juleaftensdag gjaldt det for min søster og mig bare om at komme ud af døren så hurtigt som muligt. Når først vi gik ned gennem rækkerne på vej til Ryparkens Station, kunne der ikke ske noget med juleaften, hvis vi tog den tidlige gudstjeneste i Lindevangskirken, kunne vi godt gå hjemmefra kl. 2. Så kunne vi være hos bedstefar og bedstemor i god tid før mor og Knud ankom, på den måde følte vi os som en del af Goldschmidtsvej, mens de kom som gæster. Bedstemor var ikke særlig påvirkelig overfor stemninger, hun ville eller kunne ikke tage sig af Knuds depressioner, han blev venligt modtaget, men så måtte han selv finde sin plads familien. Jeg var jo selv en smule bange for bedstemor, og det var betryggende at se, at det var Knud også.

Når juledagene med familien så var overstået, kunne Knud endelig give uhæmmet afløb for, hvor rædsomt det havde været, hvor dumme

4. KERNEFAMILIE PÅ LERFØDDER

eller kedelige mostrene var, hvor lidt mand i sit hus bedstefar var, og hvor utålelig højt bedstemor altid talte og så om politik, som hun ikke havde "en kæft" forstand på. Bedstemor var glødende radikal hele sit liv og fandt sin argumentation i en daglig og grundig læsning af *Politiken*. Med årene blev Knud og bedstemor helt gode venner, efter bedstefars død var hun med dem ude at rejse et par gange.

Men efter juleaften var julen urørlig, juledagene var mindre dyrebare, det gjorde ikke så meget, at de blev trukket gennem sølet.

Søsterskab

Den sidste tid i Haderslev havde ikke været god, men dels havde den ikke været lang, og den havde været som en naturkatastrofe, noget vi ikke kunne gøre for, vi havde været mindreårige ofre uden skyld og ansvar. Men i Emdrupvænge følte min søster og jeg os medansvarlige for at holde hverdagen oppe, det var en konstant bjergning, man kunne ikke lægge byrden fra sig, så ville den synke. Det der reddede os og holdt os oppe var, at vi havde hinanden, de år vil for altid binde min søster og mig uløseligt sammen. Vores faste og meget effektive terapi var at gå rundt om Lundehussøen, der må være et spor efter os den dag i dag ligesom efter Chr. d. 2's tommelfinger i bordet på Sønderborg slot. Vi gik nok ikke hver dag, men mindst et par gange om ugen, og i weekenden gik vi den lange tur rundt om Utterslev Mose. Vi fortalte hinanden alt, intet var for stort, for småt, for dumt eller for hemmeligt, vi kendte hinandens hjerteblod ud i mindste kapillærnet. Da min søster var blevet student rejste hun et halvt år til London som au pair pige, jeg har de fleste af de breve, hun skrev til mig der ovre fra, brevene må have fungeret lidt ligesom gåturene, der står om alt fra den store kærlighed til den mindste nullermand. Brevenes antal og indhold fortæller også om vores dybe afhængighed af hinanden, hun trøster mig, fordi jeg savner hende, og hun skriver, at alt ville være skønt, hvis bare jeg kom over til hende.

I 1957 var jeg oppe til mellemskoleprøven, jeg klarede mig pænt, men manglede lige et par point for at komme kunne gå i mellemskolen på min søsters gymnasium, men med søskende moderation lykkedes det alligevel, så nu kom vi til at dele skole igen. Omkring samme tid, var Knud kommet så langt op på Arbejdernes Andelsboligforenings venteliste, at vi kunne flytte til et endehus i en af de andre rækker. Min mor var ellevild, nu kunne der være lidt flere møbler, og bedst af alt, hun kunne få et lidt større kælderrum. Min søster og jeg fik også et større værelse, nu kunne sengene stå i vinkel, vi fik sovebrikse med ryglæn, så sengetøjet kunne pakkes væk om dagen, betrækket var fra Illums Bolighus, det havde et stort abstrakt mønster i gule, grønne og blå farver, det var meget smukt, især når eftermiddagssolen skinnede ind af det store vestvendte vindue. Foran vinduet var der en klap, der kunne slås op, så

4. KERNEFAMILIE PÅ LERFØDDER

kunne vi begge sidde og lave vores lektier, nu var jeg jo også kommet i mellemskolen. Vi fik et lille teaktræsbord, der kunne være sofabord om dagen, en stor rislampe i hjørnet mellem briksene og en grammofon, hvad mere kunne man ønske sig? I vores værelse fandt vi den tryghed, som ikke var der i resten af huset. Når vi havde venner med hjem, blev de efter det obligatoriske goddag nede i stuen straks hevet med op på værelset. Det var dog meget sjældent vi tog nogen med hjem, det var alt for langt at cykle ud til os, og vi havde ikke lyst til for tæt skole – hjem kontakt, vennerne kunne komme til at sige noget, som ville få den sindrige bygning af løgne til at falde sammen. Hvis mor vidste i forvejen, at der kom kammerater med hjem, havde hun dækket tebord nede i stuen, men vi pakkede det hele på en bakke og bar det til hendes skuffelse op på værelset. Knud skulle heller ikke møde vennerne, han stillede altid spørgsmål som i en "Flemming bog", og bagefter kommenterede han kammeraternes ikke særligt begavede svar. Nej så var det meget nemmere, sikrere og hyggeligere at tage hjem til kammeraterne.

Så længe min søster boede hjemme, var det ikke så vigtigt med venner, vi kørte sammen i skole om morgenen, ventede tit på hinanden, så vi kunne følges hjem. I skolen havde vi øjenkontakt i hvert frikvarter, og i det store mødtes vi lige ved nedgangen til pigetoilettet, bagefter kunne jeg så lege kongeløber, mens min søster promenerede op og ned ad skolegården i tre lag stivede skørter og med sin lyshårede veninde under armen. Lærerne kaldte os for "The Miller Sisters" og det var meget smigrende, eftersom ingen af os efter sigende har en tone i livet.

Min søster skammede sig aldrig over sin lillesøster eller blev irriteret over, at jeg altid var der, når der var nogen på besøg. Af og til kunne hun dog vise mig diskret til rette, når jeg brød ud af min vanlige generthed og blev utåleligt snakkende og pjattet, i værste fald blev jeg sendt ned i stuen, til jeg var kølet af, så kunne jeg komme op igen. Jeg kendte alle min søsters venner og fulgte nøje med i de sårbare veninderelationer og de sindsoprivende forelskelser, jeg ventede altid spændt på historiernes fortsættelse og fulgte åndeløst med i de forskellige episoder, ligesom de unge 40 år senere levede med i Beverly Hills. Min søster forelskede sig aldrig i dem, der lå lige til højrebenet, hun havde en tendens til at rode sig ud i noget frygteligt uoverskueligt – udlændinge, psykisk skrøbelige og ældre mænd. Der var ellers nok i den matematiker klasse hun gik i, der var forelsket i hende, når hun syntes, det var for synd for dem, prøvede hun at skubbe dem over på min bane halvdel. Men en lillesøster, der er 3 år yngre og ikke har mørkt krøllet hår og en profil som en græsk gudinde, var ikke rigtig noget alternativ. Det var også min søster der sørgede for, at jeg vidste, hvad menstruation var, inden jeg fik det, og i passende god tid sendte mig ind til Abis ved Vor Frue Kirke for at få et pessar.

4. KERNEFAMILIE PÅ LERFØDDER

På mange måder levede vi jo et almindeligt teenager liv i Emdrupvænge, vi elskede ubetinget vores mor, og af talrige små sedler og breve, som hun har gemt, kan jeg se, at vi skrev sødt og kærligt også til Knud, og det var i seddel-skrivende stund ærligt ment. Men vi længtes efter at komme hjemmefra, altid måtte ænderne i Lundehussøen lægge øre til det, vi ville og især ikke ville, når vi flyttede hjemmefra. Vi ville først og fremmest ikke lyve mere, vi troede, man kunne holde op med det fra den ene dag til den anden, og det faldt os ikke ind, at vi egentlig kunne begynde, når vi kom hjem fra vores gåtur. Vi udsatte beslutningen på ubestemt tid og overlod det til noget udefrakommende at effektuere den. Senere fandt jeg ud af, at løgnen er som smøger og alkohol, man bliver afhængig, og det kræver vilje og styrke at komme ud af misbruget. Forhåbentlig holder parallellen op her, så man ikke kun kan blive en løgner, der taler sandt, men kan blive positivt ærlig. Jeg måtte rundt om filosofien og Kants kategoriske imperativ for rigtig at forstå løgnens væsen og finde ud af, hvordan jeg skulle håndtere den.

Vi var overbeviste om, at så længe vi boede hjemme, måtte vi leve os ind i det kammerspil der hed "kernefamilie", rollerne var fastlagte, og den usynlige instruktør tolererede ikke megen improvisation. Jeg tror, det ville have været godt for os, hvis vi kunne have råbt til Knud, at vi hadede ham, for det troede vi, at vi gjorde, og han kunne have råbt tilbage, at vi var nogle utålelige møgunger, som han aldrig havde bedt om at få i huset, og mor kunne have fået at vide, at hun med sin overdrevne konfliktskyhed svigtede både sine børn og sin mand. Så kunne vi måske have grædt sammen og fundet ud af, at vi trods alt holdt meget af hinanden og gerne ville være en familie på vores egen måde.

Men det var der ingen der turde, vi havde jo set i Haderslev, hvor galt det kunne gå, og Knud var sikkert også bange for at miste den familie, han endelig havde fået.

68   4. KERNEFAMILIE PÅ LERFØDDER

Te i haven, vi er mest optaget af serveringen.

Julefotografering, mor må have glemt at krølle mig

4. KERNEFAMILIE PÅ LERFØDDER 69

Det endelige julebillede 1959

70   4. KERNEFAMILIE PÅ LERFØDDER

Mig som konfirmand 1960.

5

OVER ALLE BJERGE

Knud havde rejst meget som ungkarl, som helt ung havde han vandret i de norske fjelde og besteget Alperne, lige efter krigen var han rejst til Tyskland og havde set og fotograferet ødelæggelserne. Da han havde fået fast ansættelse på Bellahøj Skole, brugte han de gode ferier og en god del af sin løn på lange rejser. Han havde vandret, cyklet, kørt med tog og bus ned gennem Europa til dengang så fjerne steder som Syditalien, Grækenland, Spanien og Nordafrika. Han var berømt for sine interessante og ganske langvarige lysbilledaftner, som blev afholdt på skolen en aften i det tidlige efterår, når sommerens billeder var blevet fremkaldt, monteret med glas og sorte papirstrimler og arrangeret i nummerorden i særlige lysbilledkasser. Knud havde hovedsageligt rejst alene, måske fordi, der ikke var så mange andre, der havde mod på og råd til at slå følge med ham. Selskabsrejsen var dårlig nok opfundet dengang i begyndelsen af 50'erne, men det var også utænkeligt, at Knud skulle have meldt sig på en sådan, han var individualist og lidt arrogant, enten det nu skyldtes mindreværd eller mereværd. Sådanne gruppetransporter var i hans øjne kun velegnet for grise på vej til slagterier eller for beboerne på et alderdomshjem, når de skal på den årlige udflugt. Han skulle heller ikke stå og høre på en eller anden halvstuderet rejseleder foredrage om Maratonløbets oprindelse eller Po Slettens frugtbarhed og risikere at blive forvekslet med en almindelig turist for sluttelig at være med i indsamlingen til en buttet flaske lokalvin i bast ledsaget af et takkekort. Han var vant til at rejse med sin Baedeker under armen, en solbleget rygsæk eller en lille svinelæder kuffert, og nu ville han fragte en hel familie over Alperne, et projekt der kunne tåle sammenligning med Hannibals elefantfærd. Løsningen blev camping!

Først skulle Knud tage et kørekort, det gjorde han i foråret 1956, mor havde kørt bil i mange år og var en habil bilist, derefter købte de en duknakket Peugeot 203 med et rummeligt bagagerum. Så skulle der anskaffes campingudstyr, det var i campinglivets barndom, så udvalget var ikke prangende. Til overnatning for Knud og mor og bagagen blev der indkøbt et stort gult telt med absis og oversejl, det var en østtysk model med en meget kraftig dug, der kunne indeholde utrolige mængder vand. Min søster og jeg fik et lille gult telt, som var så let, at vi selv kunne slå det op, og så let, at vi, når det blæste kraftigt, måtte ligge

5. OVER ALLE BJERGE

og holde om hver sin bambusstang. Der blev købt luftmadrasser, soveposer, et sammenklappeligt campingbord, hvori der kunne opbevares to stole og to taburetter. Budgettet var baseret på fuld selvforplejning, derfor blev der indkøbt en blå gas primus, hvorpå der kunne balancere en lille aluminiums kedel eller en kasserolle, desuden en vanddunk og - en picnickuffert. Udenpå var picnic kufferten som en almindelig lille pepitaternet rejsekuffert, men når man åbnede den, var den et vidunder! Sirligt fastholdt af lysegrønne plastikbånd rummede den, 4 store tallerkner, 4 kopper og 4 underkopper alt sammen i flødefarvet plastik, i låget var der bestik til 4 og plads til en brødkniv og dåseåbner, der ikke fulgte med. Picnic kufferten overlevede alle familiens campingture til sidst støttet af nogle baner gaffatape. Hele teltlejren blev bakset op på en tagbagagebærer og pakket ind i en vandtæt lærredspresenning, hvorefter pakken blev fastgjort til bagagebæreren med flere meter tøjsnor; hver kubik centimeter i bagagerummet blev nøje udnyttet, det var kun mor, der kunne pakke det, og hun kunne finde neglesaksen eller ketchupflasken med lukkede øjne. Under forsæderne blev der stuvet konservesdåser, der kunne være 20 under hvert sæde, 10 med forloren skildpadde, 10 med boller i karry, 10 med spagetti i tomat og 10 med skinke i henkogte ærter og gulerødder.

Der var ikke meget letvægt over campingudstyret i 50'erne, det, der i dag vil være lavet af plastik, var af træ, jern, lærred og gummi, men det var solidt.

Tidlig om morgenen på den første dag i ferien listede Peugeoten ud på Emdrupvej på vej til Italiens sköna land, forventningerne var i top og støddæmperne i bund. Dengang vi var sønderjyder, må vi have været i Nordtyskland, men jeg husker ikke noget om det. Så det at trille over grænsen ved Kruså, var stort, politi og toldere havde andre uniformer, vejskiltene var ikke blot på et andet sprog, men også i andre farver, bondegårdene var ligesom tykkere og bredere, selv køerne så udenlandske ud, de var sortbrogede og ikke brune. I byerne var brostenene toppede på en anden måde, Knud sagde, de blev glatte som sæbe, når det regnede, husene var ikke bygget af røde eller gule mursten, men af nogle mere statelige blanke gul-brune sten. Da vi kom lidt længere ned i Tyskland, var der rigtig mange huse, der slet ikke var bygget, i 1955 var genopbygningen efter 2. verdenskrig i fuld gang. Men alle byerne havde store tomter, hvor græsset groede mellem murbrokkerne, og man kunne se rester af tapet på de mure, som engang havde været vægge i hjem. Da vi om aftenen kom til den lille by Soltau, som ligger bekvemt ved autobahn og efter guidebogen havde en campingplads med udendørs svømmebassin, regnede det, det regnede, da vi slog teltene op, det regnede hele natten, så Knud måtte ud og grave render rundt om teltene.

5. OVER ALLE BJERGE

Det regnede, da vi om morgenen pakkede de våde klude sammen og læssede dem på den stakkels Peugeot, og det udendørs svømmebassin, som vi havde glædet os umådeligt til, var gået i ét med en lille biflod til Weser. Det regnede så meget disse første dage, at denne regn har bredt sig over alle mine minder om Nordtyskland. Men Nordtyskland havde meget andet at byde på i bogstaveligste forstand, fx verdens bedste brød og verdens bedste pølser og verdens sødeste tøjdyr. Hos bageren hjemme kunne vi vælge mellem franskbrød med og uden birkes, sigtebrød og formbrød, det var alt sammen hvidt og nogenlunde lige smagløst. Men i Tyskland bugnede bagernes hylder af store hvælvede brune brød med mel på toppen, det smagte sejt og syrligt, når man satte tænderne i en af de halvmåneformede skiver. Hos slagteren hjemme var kappestriden om husmoderens gunst begrænset til den rød- hvide spegepølse overfor den lyserøde kødpølse. Men i Tyskland var det anderledes, her kunne man få pølser, i alle former og størrelser og i alle nuancer inden for pølsefarveskalaen, man kunne få skærepølser og smørepølser og midt imellem pølser. Vi smagte os igennem dem og valgte hver vores favorit. Jeg faldt for en lever smørepølse med en lille bræmme af fedt indpakket i en solid tarm, mens min søster foretrak en mere sofistikeret skære pølse med hele skinkestykker. Som politikere op til et valg brugte vi megen energi på at anbefale vores pølse til den anden, men uden at flytte en eneste stemme; hvilket brød, der skulle bære pølsen, var hele familien dog enige om. Alle børn kan lide tøjdyr, men de fleste vokser fra denne kærlighed, det har jeg haft svært ved. Jeg har stadig en udtalt svaghed for tøjdyr, jeg elsker at købe dem som barselsgaver og til børnebørnene, jeg er meget omhyggelig med at se dem ind i øjnene, om de har et godt blik, før jeg køber dem, til gengæld er det lidt svært at skille sig af med dem igen. I Tyskland kunne man få tøjdyr, som jeg aldrig havde set dem end ikke i Thorngren på Strøget. Hvert år købte jeg et lille dyr på nedturen, i mange år var det medlemmer til en lille pindsvinslignende familie i ternet skjorte og klapbukser.

Ligesom livet på Astmahjemmet havde haft sine egne rytmer og rutiner, fandt "lejrlivet", som Knud og mor kaldte det, efterhånden sin egen form. Knud og min søster slog det store telt op, mor pakkede ud og skabte det interimistiske hjem, jeg hjalp min søster med det lille telt, hentede vand og gik mor til hånde med tilberedningen af dåsemiddagen. De, der var først færdige, begyndte at pumpe luftmadrasser, ved sammenpakningen kørte filmen bare baglæns. Ned igennem Tyskland blev dagene stort set tilbragt i bilen, bort set fra nogle stop på rastepladser, hvor Knud og mor skiftede plads på forsædet. Midt på dagen var der en længere frokostpause, så kunne "chaufførerne" hvile sig lidt, og vi kunne strejfe rundt og sammenligne de andre familiers camping-

5. OVER ALLE BJERGE

borde og stole med vores. I nogle familier havde børnene også fået stole med ryglæn i stedet for taburetter, men der var ingen picnickuffert, der kunne slå vores. Vi trængte ikke til at hvile i frokostpausen, vi var temmelig udsovede, for en stor del af den kørende "dagsmarch" tilbragte vi slumrende og let køresyge med hovederne på en stor sort taske, som stod imellem os. Vi havde hver sin lille pude, som tog ujævnheder fra spænder og remme, og jeg faldt lykkelig i søvn med det lille nyindkøbte pindsvins blå blik og tryne lige ud for næsen. Hvis vi ikke sov, gættede vi personer, vi tænkte på, eller legede 20 spørgsmål til professoren. Min søster kunne læse bøger uden at blive svært køresyg, så hun læste "Danske Dronninger uden Krone" – nogle fantastiske romaner om danske kongers koner til venstre hånd, så fortalte hun de pikante historier videre til mig. Bedst var den om Christian d. 2. og den smukke mørkhårede Dyveke og hendes tudegrimme mor Sigbrit. Jeg kunne næppe blade i et Anders And blad uden at brække mig, så jeg sad og digtede historier om den lille pindsvinefamilie eller hengav mig til andre åndelige sysler, mens jeg ventede på nyt om Chr. d. 2 og Dyveke.

En dag midt i eftermiddagsluren blev vi beordret op at sidde, vi skulle se ud af forruden. Mens vi havde sovet med hovederne på den sorte taske, havde Alperne rejst sig ude i horisonten. Det var næsten højtideligt, som om de store og majestætiske bjerge kom gående mod os, i forvejen havde de sendt nogle mindre skovbevoksede knolde, selv kom de kejserligt skridende hyldet i blågrå tågekåbe og med snehvide napoleonshatte. Nu om dage flyver vi jo oftest sydpå, så man går glip af dette manende syn, set fra flyveren er Alperne smukke og betagende, måske afføder de et lille gys, men de er underlagt os, og om lidt, når vi har spist vores foliebakke med kylling, vil vi være forbi dem. Styrkeforholdet var det omvendte dengang. Vi fornemmede, da vi rullede ind under Alperne - kun hævet over jorden med den luft, der kan være i fire bildæk - at det var dem, der bestemte, om de ville lade os komme over. I 1955 havde teknologien endnu ikke snydt klodens bjergkæder ved at grave tunneler under dem. Og det blev en styrkeprøve, som Peugeoten bestod, omend ikke uden mén. Knud ville virkelig vise os Alperne, og hvis det skulle gøres ordentligt, og der skulle være stof til en lysbilledfortælling, var det ikke tilstrækkeligt med en enkelt pas-passage. Når jeg ser på et kort nu, og genkender navne som Grossglockner, Brenner og St Bernhard, kan jeg ikke blot se, at passene ligger i hver sin ende af Alperne, men jeg kan også fornemme den stemning af eventyr og ærefrygt, som de hensatte mig i. At køre ind i den grå, drivende tåge, der lagde sig om bilen som en elververden, var som at komme ind i et helt andet element, hvor vi som mennesker egentlig ikke hørte hjemme. Under os forsvandt veje, bondegårde og kirker, der var kun tågen som åndede på vinduerne ligesom et stort dyr. Vi måtte køre op og op, indtil

5. OVER ALLE BJERGE 75

et vi fik øje på et lille skilt, der forkyndte, at vi var i pashøjde, så tog vi de uldne trøjer på og steg ud i en tavs vinterverden, den sidste repos før himlen. Vi kunne ane andre menneskelignende skikkelser bevæge sig undrende og forsigtigt rundt, bøje sig ned og forme en snebold af den – troede vi dengang– evige sne. På nedturen spejdede vi efter det første glimt af menneskenes verden, og det første hustag, der dukkede op indgav en betryggende ro, som gensynet med andegården må have givet Pontoppidans ørn, da den vendte tilbage efter sin himmelflugt. Men har man først været næsten i himlen, bliver længslen siddende, og dalen virker trang og indelukket.

Som *Lille mis med de blå øjne* i min yndlings børnebog, klatrede Peugeoten "bakke op og bakke ned" med Knud og hans fire uger gamle kørekort ved rattet. Knuds kørerundervisning havde ikke udsat ham for større stigninger og fald end Frederiksberg Bakke, så 20% stigning i et snævert hårnålesving med et hurtigt skift fra andet til første gear var at springe et par klasser over i køreskolen. Adskillige gange endte manøvren i, at Peugeoten gav et sidste hop, hvorefter den gav op og modløst begyndte at trille baglæns, mor skreg, vi gnavede negle og krammede tøjdyr, mens Knud ravede rundt mellem forsæderne for at finde håndbremsen. Når køretøjet var bragt til standsning, skulle det have en lille hvilepause, vi blev alle sammen gennet ud, motorhjælmen blev åbnet, så røg og damp kunne slippe ud, det kogende vand i køleren blev spædet op med lidt lunkent fra vanddunken, og så gik passagererne i forvejen, mens føreren prøvede at koordinere de forskellige pedaler, håndtag og knapper, så han og bilen kunne fortsætte opstigningen. Knud foretrak, at vi ikke overværede denne øvelse, men ventede højere oppe, hvor serpentinevejen fladede lidt ud, før den tog tilløb til et nyt sving. Sådan gik det over syv otte pas, jeg tror, vi må have gået en tredjedel af vejen op. Jeg vil dog ikke sige, at nedturen var mere afslappende, skønt den foregik inde i bilen, mange gange fik vi en meget pludselig og lidt for uhindret udsigt over en stejl bjergside. På et tidspunkt protesterede Peugeoten, den var gået i stå glovarm og totalt udmattet. Men Knud blev alligevel ved med at hive i starteren, den 20. gang sad han med knappen og hele startkablet mellem fingrene, så måtte vi trille baglæns tilbage til den sidste vigeplads, med forenede kræfter vende bilen og køre i frigear ned i Innsbruck. Heldigvis var bilen stadig tungt lastet, så der var fart nok i den til at rulle ind på et værksted, der mirakuløst var placeret lige for foden af bjerget, her havde de stor ekspertise i at reparere bristede startkabler. I Innsbruck fik jeg min første Ragusa, en kvadratisk stolpe af blød nougat med chokolade på de to sider og med spredte hasselnødder, det blev en livslang kærlighed. Dengang kunne jeg med lethed fortære to styks på en eftermiddag, nu det er længe siden, jeg har spist en, selvom man i dag kan købe dem i kiosken, men

5. OVER ALLE BJERGE

bare jeg skriver om Ragusa får jeg vand i munden og lyst til at fare ned og købe en i Seven Eleven.

Rutchebanenturen i Tivoli har sin tid og det samme med turen i Alperne, en skønne dag blev vi spyttet ud igennem Simplon passet, og da solen havde brændt tågen til varmesitrende luft, lå Lago Maggiore og hele støvleskaftet for vores fødder. I Italien skulle jeg hente "aqua" i den grønne gummidunk, og da jeg viste mig villig til at lære at sige "por favor", "panne", "latte", "fromagio" og "gratia" fik jeg betroet den svimlende sum af 100 lire og sendt på indkøb. Hele vejen hen til campingpladsens lille biks repeterede jeg "cinque panne et fromaggio por favor"(Knud skulle have to små brød). Det gik fint at sige det til morbær- og pinjetræerne, men der gik totalt kludder i "fromaggioen", da jeg stod ved lugen, og jeg vendte grædende og nederlagsramt tilbage kun med de 5 små brød. Det skulle ikke overgå mig igen, jeg slog op bagerst i "Turen går til Italien" og lærte tallene til 10 og de almindelige vendinger. Jeg rejser stadig nødigt til et land uden at have disse basale sprogkundskaber på plads, det italienske, spanske og græske, jeg lærte som barn er nærmest uudryddelig, hvorimod det, der er indlært senere desværre drysser ud af hukommelsen væsentligt hurtigere end det er kommet ind.

Vi krydsede ned igennem Norditalien, over den dejligt flade Poslette til Venedig, hvor gaderne virkelig var af vand. I Pisa kravlede Knud og jeg op i det skæve tårn, så han kunne tage et billede af udsigten med mig som forgrundsfigur dvs med benene ud over faldkanten, min mor og min søster stod nede på jorden med opadvendte ansigter. I Firenze købte Knud en ring med en grøn sten til mor i en af boderne på Ponte Vecchio, jeg købte en lille læderpung dekoreret med små harlekinslapper og min søster en lille håndtaske. Vi sad på muslingepladsen i Sienna, fik limonade på en udendørs café (noget der ikke var almindeligt i København dengang) og forundrede os over det stribede tårn. Turen skulle slutte i Napoli efter et lidt længere ophold i Rom, men sådan blev det ikke. Normalt gik vi ingen steder om aftenen, og slet ikke til noget der kostede penge. Men en aften skulle Knud, mor og min søster i Caracallas Termer og se "Aida", måske var det en fødselsdagsgave til min søster. Jeg skulle ikke med, jeg var for lille og skulle lege med nogle børn på campingpladsen, og så selv gå i seng kl. 9 – lidt uhyggeligt, selvom jeg havde tøjdyret. Midt om natten vågnede jeg ved ophidsede hviskende stemmer udenfor teltet. Nogen havde ved et lyskryds på vej til operaen stukket en kniv i dækket på Peugeoten, og mens Knud skiftede dæk og mor og min søster blev trøstet og konverseret af en beleven italiener, forsvandt Knuds jakke og min mors gamle og min søsters nye håndtaske. Det betød, at familiens rørlige formue i kontanter og rejsechecks samt pas og diverse forsikringer var forsvundet ud i Roms gader på en scooter. Alt hvad vi havde af penge nu, var de par hundrede lire, jeg havde i min harlekinspung, jeg følte mig uhyre betydningsfuld.

En sådan "gemenhed" som at stjæle fra en lille familie på deres første udlandstur ophidsede min mor voldsomt, så næste dag slæbte hun os alle op på den danske ambassade, hvor hun nærmest stillede ambassadøren til regnskab for det uforskammede tyveri. I ambassadørboligen smagte vi vores livs første Coca cola, som fruen serverede for de klatøjede børn. Det lykkedes mor med en blanding af charme og indignation at få udvirket, at vi forlod det venlige ambassadørpar med et klækkeligt a conto beløb og en formel skrivelse om, at vi var blevet bestjålet. Den skrivelse brugte mor i stedet for betaling på de resterende campingpladser i Italien. Mor var formelt set ikke særlig god til sprog, men hun havde sit eget verdenssprog, hvis grundingredienser var dansk og engelsk tilsat en levende gestik, lidt tysk og visse ord, som hun mente måtte være internationalt forståelige. Når det virkelig brændte på, var det altid mors verdenssprog, der reddede os frem for Knuds skoleengelsk og korrekte tysklærer tysk.

Turen til Italien blev den arketypiske campingrejse, udstyret blev efterhånden lidt bedre og lidt lettere, konservesdåserne færre og restaurantbesøgene lidt flere, men det grundlæggende koncept var det samme. De følgende års rejser havde andre mål og andre oplevelser og afsatte mange billeder både i lysbilledkasserne og i vores bevidsthed. Fra turen rundt om den Iberiske halvø husker jeg især husene i Sevilla beklædt med grønne og blå kakler, kvinderne i Nazaret, hvis kolossale mængder af skørter vuggede rytmisk omkring dem, når de på stærke solbrune ben trak den tunge last fra fiskerbådene op på stranden. Det var en eksplosion i farver, ekspressionisme før jeg vidste, hvad det var, skørterne var skotskternede, fordi den lille portugiske fiskerby havde haft en eller anden handelsforbindelse med Skotland, i kvindernes tørklæder gjaldede farverne mod hinanden, bådene var citrongule og jordbærrøde med store malede øjne i stævnen, så de kunne styre sikkert gennem Atlanterhavets brænding.

Vi så aber på Gibraltar og en slangetæmmer i Tetuan, i den anden ende af Middelhavet så vi Istanbuls Gyldne Horn, Bursas grønne moske, og i Troja lå der stadig potteskår fra antikke krukker og marmorstumper fra brudte søjler, som vi kunne samle op.

Men det blev Grækenland, der leverede de fleste og stærkeste billeder til min barndoms rejsealbum. Vi var fire gange i Grækenland i årene mellem 1957 – 63. I 1957 var vejene over Pindoskæden ikke velegnede til automobiler, de, der kørte med oksekærre og red på æsler, kom hurtigere og sikrere frem end os. Men heldigvis dukkede der altid ud af det

5. OVER ALLE BJERGE

blå hjælpsomme lokalbeboere op, når vi kørte fast i et flodleje eller i et dybt hjulspor, ved muskelkraft eller simpelt entreprenørarbejde blev Peugeoten bugseret tilbage på den såkaldte vej. Som modydelse - måske ikke til de samme olivenbønder eller fårehyrder, der havde hjulpet os, men til den generelt utrolig venlige og nysgerrige landsbybefolkning, måtte vi så tage imod invitationen til at slå teltene op midt i byen foran kirken på en stump afsveden græs. Først kom børnene barfodede, fnisende, storøjede og kredsede om os, så slog de sortklædte koner sig ned i en halvcirkel med deres strikketøj, og yderst stillede mændene sig nonchalant op rygende på fladtrykte græske cigaretter. En omrejsende teatertrup kunne ikke have ønske sig et mere opmærksomt publikum. Kvinderne sørgede for, at børnene ikke rendte ind på scenen og forstyrrede denne unikke gæsteoptræden fra et fjernt land mod nord. Strømpepindene gik af sig selv, mændene snakkede dæmpet, ingen ville gå glip af den mindste detalje, hvilket gjorde det meget svært at komme til at tisse.

Ude på landet og i bjergene var der ingen campingpladser, til gengæld kunne man slå sit telt op hvor det skulle være. Man skulle bare sørge for at have fyldt vanddunken, for vand kunne man ikke være bekendt at bede fårehyrden om, når han pludselig stod der med lidt ost og oliven, mor betalte gerne med et par amerikanske cigaretter eller en kuglepen fra sit lager. I 50'erne var hver en søjlestump endnu ikke blevet lagt ind under en billetluge; en aften i bjergene, hvor vi ledte efter en flad plet til at stille teltene op på, fandt vi den mellem søjlerne af et forbløffende velbevaret lille tempel, og campingbordet kom for en gangs skyld til at stå i vage på et ca. 2500 år gammelt mosaik gulv.

Jeg kan stadig rejse til Grækenland og indsnuse duften af eukalyptustræer, høre cikadernes summen og æslernes skryden, men min barndoms uberørte Grækenland er væk. Jeg skal ikke trivialisere turene til Grækenland ved at remse alle uforglemmelighederne op, men der er lige et par stykker som må med, for at rejserne kan få den vægt, de fortjener og Knud den tak, han fortjener for at have givet os disse oplevelser.

En eftermiddag kørte vi ind i en lille by, klokken var ikke så mange, for vi skulle nå at komme i banken og hæve nogle rejsechecks. Mor udfoldede sig på sit verdenssprog og indflettede hyppigt det græske ord for bank "trapez". En flink og opvakt ung mand greb trapezen og fulgte os helt hen til banken, men den var lukket, og alle var gået hjem, de kunne jo ikke vide, at vi ville komme med ugens internationale bankforretning. Den flinke unge mand hentede bankdirektøren, som hurtigt fik åbnet banken og kassen, så vi kunne få nogle drachmer og bidrage lidt til de begyndende turistindtægter. Vi havde måske forestillet os, at vi kunne køre ud af byen nu og finde en lejrplads i skyggen af et par ver-

5. OVER ALLE BJERGE 79

densfjerne oliventræer, men den venlige unge mand hoppede ind i bilen på forsædet, så med mindre vi ville have ham med på resten af turen, blev Knud nødt til at køre derhen, hvor han ville. Det viste sig at være til et større hus med en stor skyggefuld have, her boede hans gode ven Jimmy, som egentlig hed Dimitri, men Dimitri havde været i hæren og der havde han lært noget engelsk, så nu kaldte alle ham Jimmy. Jimmy og hans familie insisterede på, at vi skulle slå teltene op i haven, mens de anrettede et formidabelt middagsbord med lam i stegte auberginer, fyldte tomater og peber, taziki, gedeoste, syltede figner – retter vi aldrig havde smagt før og nærmede os med stor forsigtighed, men som i dag er almindelige i en hvilken som helst tilbudsbuffet. Jimmy og hans familie syntes ikke, der var nogen god grund til at vi skulle køre videre, vi kunne jo bare blive boende i deres have. Han samlede et par venner sammen, så stoppede han dem og min søster og mig ind i en gammel amerikansk flyder. Vennerne kunne absolut ikke andet end græsk, men de havde små billeder i baglommerne af sig selv med bar overkrop, som de delte ud af, jeg ved ikke helt, hvad de ville sige med det. Vi kørte til Thessaloniki og badede og spiste fisk, Jimmy og vennerne var frygtelig søde, det var vanvittig anstrengende at skulle smile så meget og så samtidig være høfligt afvisende, men som sædvanlig var det hårdest for min søster, jeg blev heldigvis glemt, da jeg faldt i søvn på bagsædet. Efter en lille uge og mange besøg med pivende sød tyrkisk kaffe hos venner og familie lod Jimmys familie os modstræbende pakke teltene sammen. Et lille år senere stille Jimmy ganske uventet i Emdrupvænge med gaver til hele familien for at anholde om min søsters 16-årige hånd. Det blev til Jimmys store overraskelse og fortrydelse et nej både fra hende og fra Knud. Det var slemt at se Jimmy drage hjem igen dybt såret i sin græske selvfølelse, han ville ikke modtage et tilskud til den forgæves frierfærd.

"Annettes 12- års fødselsdag, lidt ballast til din odyssé til Hellas den kommende sommer. Far"

Sådan står der på det første blad i *Odysseen* oversat af Otto Gelsted. Bogen er skriggul med et mørkelilla litografi af Axel Salto, den og de to andre i serien *Iliaden* og *Græske guder og helte* har flossede kanter, æseløre og tape i ryggen, de hørte til min kæreste læsning, især den bronzefarvede *Guder og helte*. Jeg færdedes hjemmevant i hele den olympiske familie, som i kompleksitet langt overgik min egen, jeg var fortrolig med familiens frivole kærlighedsliv, hvor sidespring og incestlignende forhold tilsyneladende var nødvendigt for at få produceret det nødvendige antal guder og halvguder, der skulle få den græske mytologi op at køre.

Den store olympiske familie har ikke siddet stille og til stads oppe på deres top, den har deltaget aktivt i det jordiske liv, man finder spor

5. OVER ALLE BJERGE

af familiemedlemmernes færden overalt i Grækenland. Afrodite har haft en elskovsnat på Idabjerget, i bjørne- og løveskind, ud af den kom Aeneas og Virgils Æneide. En af Zeus's elskerinder Leto måtte flygte for den altid skinsyge Hera og føde sin søn Apollon på Delos. Zeus's søster Hestia havde sin hellige arne i Delfi, og der skulle hun blive "to keep the homefires burning", hun var gudinde for familielivet, og for at fungere upartisk i dette job kunne hun ikke selv have mand og børn end ikke en elsker, så hende hører man ikke så meget om. Da Zeus's kloge datter Athene skulle fødes, slog Hefaistos sin far i panden med en dobbeltøkse, og ud sprang Athene i fuld udrustning. Det foregik sikkert ikke i Athen, men byen er opkaldt efter hende, og noget af denne dramatiske fødsel kan ses på Parthenonfrisen. Vi tilbragte mange timer på Akropolis, og det var bedst at komme der mellem kl. 13 og kl. 15, der kunne man gå rimelig uforstyrret rundt i små 40 graders varme og i en lyssætning som ingen blitzpærer kunne præstere.

I ballasten til rejsen indgik ikke kun den græske mytologi, men også et kursus i græsk arkitektur. Vi kunne med usvigelig sikkerhed kende et dorisk tempel fra et ionisk, udtale os med entusiasme om kannelyrer, volutter, stylobater og arkitraver. De tyske rejsende i 1700-tallet bedrev en videnskab, der hed "apodik", det var et studium, der bestod af den til rejsen forberedende fase, den på rejsen registrerende fase og den efter rejsen vurderende og konkluderende fase. Vores rejser med Knud forløb tro mod denne udmærkede videnskabelige tradition.

Vi sejlede med rutebåden rundt i det græske øhav, sov på dækket mellem sammenbundne høns og geder, så møllerne på Mykonos, mens de stadig havde en funktion som møller og ikke kun som motiv for postkort. Vi tog med os for evigt billedet af de hvidkalkede huse, de lyserøde nerier og de gule agaver mod den blå himmel.

Knuds humør var væsentligt bedre på rejserne, tavshedsperioderne var færre, kortere og nemmere at reparere. Vi var jo sammen alle sammen hele tiden, så det var svært at lyve eller have hemmeligheder, ingen kunne føle sig udenfor eller overset. Faktisk fungerede familien ganske normalt med de smågnidninger, der må komme i en varm bil med sultne unger og voksne, der ikke kan blive enige om en picnic- eller en campingplads.

Det fælles liv, den fælles fortid, vi som familie manglede i hverdagen, mærkede vi ikke på rejserne. Derhjemme virkede omgivelserne oftest forstyrrende på familielivet, de skabte loyalitetskonflikter, jalousi, usikkerhed og afstand. På rejserne mødte vi de fremmede omgivelserne som en enhed, vi var en lille gruppe med fælles referencer, fælles sprog, fælles træthed, forundring og begejstring. Mennesker, der fanges i et elevatorstop mellem to etager kan på en time udvikle et nært forhold,

5. OVER ALLE BJERGE 81

således også med vores familie, presset sammen i rejsens sluse, var det som om temperaturen steg og accelererede de processerne, der kunne skabe sammenhold og tryghed.

Jeg elsker stadig den frihed, rejsen giver, du får et frikvarter fra aftaler, forpligtelser, koordinering og hensyn til alle sider, alt sammen noget, jeg ikke vil undvære til hverdag, men som kræver megen opmærksomhed og omtanke. I dag hvor vi har mobiltelefoner er denne frisætning mere illusorisk, end den var dengang, vores forbindelse til det derhjemme begrænsede sig til de breve, der lå på rejsens tre poste restante adresser.

Jeg tror båndene i mellem os blev styrket på hver rejse, men hverdagene hjemme sled på dem, gjorde dem flossede, så man aldrig rigtig turde stole på dem. Det lykkedes os aldrig at blive en familie, hvor vi slappede af i hinandens selskab, i sjældne øjeblikke og situationer kunne vi forglemme os og fortabe os – og så var det i rejseminder. Denne utryghed satte sig i mig som en ulykkelig forelskelse i familielivet, jeg har kæmpet med den i mange år, men mener her i mit voksne liv at have fået vendt forelskelsen til en mere stabil og fordringsløs kærlighed.

Camping i Alperne

82 5. OVER ALLE BJERGE

Det skæve tårn i Pisa

Dengang man måtte gå på søjlerne i Delfi

6

EGNE VEJE

Alene i værelset

Sommeren 1961 var min søster blevet student, på turen til Grækenland året før havde hun mødt sin ungdoms store kærlighed, en hollænder, der var noget med film og var 10 år ældre end hende. De var meget forelskede, Knud var rasende og prøvede at forbyde forholdet, hvilket kun affødte mere forelskelse og mere trods. Min søster ville til Holland, og frem for alt ville hun hjemmefra. Min mor var ulykkelig og desperat, det passede ikke ind i hendes forestilling om børn, at de flyttede hjemmefra. Hun forsøgte at holde min søster i reden med en fodlænke af bønner, trusler og kærlighed. Vi fik ikke megen søvn den sommer, mor vaskede hele nætter igennem, gardiner, duge og sengetøj plaskede op og ned i badekarret og skyllevandet gurglede gennem afløbet. Vi lå på vores brikse og hviskede, og Knud, som aldrig kunne sove, forsøgte at få mor til at udsætte storvasken, og når det ikke lykkedes, lukkede han døren hårdt ind til soveværelset, husets lyde smeltede sammen i trappegangen til et hjælpeløst suk. At der kunne være så megen frustration i et så forholdsvis lille hus! Men på et tidspunkt var der ikke mere vasketøj, ikke flere tårer og ikke flere kræfter – ud af dette tomrum opstod et kompromis, min søster kunne tage til London som au pair i et halvt år. Endelig pakkede mor og Knud bilen til en kort udlandstur, og min søster og jeg pakkede vores rygsække og tog det første det bedste tog til Sverige – Norge – væk – ud – op, vi havde en herlig tur!

Det var en sorgens dag, da min søster i slutningen af sommeren tog toget til Esbjerg for at gå om bord i Englandsbåden. Det hjalp kun lidt, at jeg nu fik eget værelse med hjørnesofa, et stort skrivebord, flere skuffer i kommoden samt kunne flytte mit tøj til skabet med spejl på indersiden af lågen. Værelset var fyldt med en massiv ensomhed, der duftede stadig svagt af forskellige cremer og andre remedier. Min søster har altid været ret forfængelig og modtagelig over for damebladenes gode ideer, hun rørte grøder sammen af gær, øl og mel, af bananer og kogte grøntsager, så udholdt hun at ligge musestille i timer, mens substansen stivnede og rev i de små hår, men hun var fast overbevist om, at der blev arbejdet i dybden. På de let lukkede øjenlåg balancerede der to friske grønne agurkeskiver, man kunne godt blive lidt forskrækket,

6. EGNE VEJE

hvis man uforvarende kom ind i værelset, men det måtte undertrykkes, for masken og agurkeskiverne kunne ikke tåle mimiske bevægelser. Om natten rullede hun håret op på store skumgummipølser, det var før Carmen-curler, og sov nærmest siddende op i sengen, efter sådan en nat kunne hun godt trænge til en opstrammende maske. Jeg savnede hendes poser og krukker, hendes tøj, bøger, kæreste nips, alt det som er i et værelse, selvom personen har forladt det for en stund.

Jeg var alene, mere end på Astmahjemmet, for jeg var forladt, min søster var rejst, og min eneste veninde fra mellemskolen var flyttet til Sortedams Gymnasiet. Af de nye klassekammerater i 1 g var halvdelen fra parallelklassen, og sådan nogen ser jo altid mærkelige ud, dem fra min egen klasse kendte jeg navnene på, men de var alligevel fremmede. Der var ti drenge i klassen, den ene så ret sød ud og var god til at tegne. Vi havde fået en forfærdelig tysklærerinde, det sagde de ældre klasser, engelsklæreren havde et forhold til en 3g'er (de blev senere gift), latinlæreren havde en grå jakke med små lyserøde striber, dansklæreren kastede sig altid som en hval op på kateteret – alt det skulle jeg have fortalt min søster, mens hun forsigtigt skelede ud gennem agurkeskiverne.

Der er to store brevperioder i mit ungdomsliv, det ene er efteråret 1961, og det andet er efteråret 1964. Jeg har to tykke bundter af breve fra disse perioder, selvfølgelig ikke dem, jeg selv har sendt, men dem, jeg har modtaget. Jeg må have gemt dem, fordi de føltes vigtige og dyrebare, for ellers er jeg ikke den store brevgemmer, men visse breve nægter ligesom at lade sig krølle sammen og dunkes ned i papirkurven.

Brevene fra efteråret -61 er fra min søster i London, flere sider fyldt med runde buer og løkker, der iler over papiret, nogle af bogstaverne har så travlt, at de ikke har nået at blive lukkede eller få den sidste streg med. Min søster er blevet 70, men hendes skrift har ikke forandret sig i disse mange år. Selv har jeg eksperimenteret med forskellige håndskrifter gennem årene. I min ungdom skrev jeg med grønt blæk, bogstaverne hældede fremad som vandrere i modvind eller på vej op ad et bjerg. Midt i livet retter bogstaverne sig op, og nu læner de sig let tilbage med lange op- og nedstreger, min skrift har aldrig været så stor og fyldig som min søsters. Jeg har ingen forstand på grafologi, men jeg er overbevidst om, at skriften er nøje knyttet til vores humør og personlighed, den er sindets grafitstift. Nogle dage skriver man let og ubesværet, resultatet bliver smukt og harmonisk, andre dage skal der opvarmning og smidighedsøvelser til, før skriften flyder.

Brevene fra min søster er adresseret til og stilet til mig og ikke til familien; den skal jeg hilse. Min søster må have skrevet til min mor og Knud, men jeg er ikke sikker, for i mine breve kan jeg læse, hvor

6. EGNE VEJE 85

forbitret hun er på dem begge. Hun nyder sin følelsesmæssige frihed som aupair-pige, ingen skjulte dagsordner, ingen uudtalte bebrejdelser, ingen uigennemskuelige forpligtelser, men et rent og ukompliceret arbejdsforhold.

Min søster og jeg har bevaret et stærkt og nært forhold til hinanden gennem vores omskiftelige liv. I dag bor vi i hver sin ende af landet, men vi taler sammen godt og længe mindst en gang om ugen – dertil kommer alt det løse. Men brevvekslingen fra efteråret -61 betegner alligevel en afsked og et ophør, selvom vi ikke vidste det dengang, fornemmede vi det måske. Brevene er fulde af tanker og oplevelser, jeg kunne have læste dem højt for ænderne i søen, og de ville have nikket og forstået det hele. Men der er også så mange forsikringer om kærlighed og troskab, som vi ikke udtalte for hinanden, mens vi delte hoveddør, sovebrikse og indåndede den samme luft. Vores fælles barndoms- og ungdomsliv sluttede det efterår, brevene er en svanesang eller rettere halvdelen af en duet.

Vennerne

Det andet bundt breve fra efteråret 1964 er fra "vennerne" – og ved nærmere eftertanke er det også en slags afskedsbreve.

Jeg kom til at gå i 1b på Falkonergårdens Gymnasium, det var en sproglig klasse, de elever, der havde gået i mellemskolen på gymnasiet kom i klasse sammen, og for alle dem, der kom fra de omkringliggende kommuneskoler blev der oprettet nye klasser. Det gav en afstand og et hierarki fra begyndelsen, vi, der havde gået på skolen i fire år, kendte lærerne og historierne om dem. Flere af os havde ældre søskende, som også havde gået på skolen, vi var ligesom den gamle adel, og så kom de der bønder fra Vanløse, Brønshøj og Valby. De gamle elever boede hovedsagelig på Frederiksberg, de boede på veje og alleer, der var opkaldt efter store mænd, mænd, som var blevet belønnet med et vejnavn på grund af deres utrættelige arbejde for samfundet. Villavejene var opkaldt efter videnskabsmænd såsom lægerne Finsen, Howitz og Jacoby, driftige forretningsmænd som CF Richs og Tesdorpf, eller efter åndsarbejdere som Hostrup, Chr. Winther og Grundtvig. Det var navne, der manede til ærefrygt – de viste, at flid og stræbsomhed kunne føre til, at man fik sat sit navn ikke blot på en gravsten, men også på et vejskilt. Hvis man gik denne tese efter i sømmene, er jeg sikker på, at den ikke holdt, der var givet vis mange undtagelser, men sådan tog det sig ud i vores bevidsthed; jeg faldt jo helt uden for, selvom jeg havde boet på Goldschmidtsvej. Og der kom alle de nye eleverne fra Bogholderalle og Jydeholmen, fra veje, som var opkaldt efter byer, hvor de Frederiksbergske krager i hvert tilfælde ikke havde været ude og vende, Hanstholm, Tyborøn, Hirtshals. Eller de kom fra Verasvej og Axelhøj,

6. EGNE VEJE

veje som ved deres navn ikke ærede en bestemt person, men bare var en vej med et ordinært fornavn, en vej, som kunne findes i en hvilken som helst provinsby.

Og igen ikke alle i de gamle klasser kom fra det Frederiksbergs borgerskab, og ikke alle de nye kom fra etagebyggeri eller fra små fladtagede huse. Men de kasser førstehåndsindtrykket putter mennesker i forsegles på en sindrig måde, som den senere refleksion har svært ved at lirke op.

De nye elevers indvandrerstatus blev understreget af den tøven og usikkerhed, de færdes på gangene med. De flakkede rundt for at finde faglokalerne, var usikre på, hvor de skulle stille cyklen, hvor man skulle aflevere det udskrevne stilhæfte for at få et nyt. De kunne ikke synge med på de morgensange, som de etniske gymnasiaster havde sunget i en årstidsbestemt cyklus de sidste fire år, de kendte ikke vaner og ritualer, som gerne skulle efterleves.

Jeg fik en veninde i 1g, min storesøster og hendes storesøster havde gået i klasse sammen, og da ingen af os var engageret til andre sider, søgte vi sammen og fik et godt venskab, som varede langt ind i ungdomsårene. Else boede på en nabovej til Goldschmidtsvej, hendes hjem var et ønskehjem, åbent, muntert og tilsyneladende ukompliceret, jeg elskede at komme der. Elses far var skolelærer ligesom Knud, men lidt finere, for han skrev også lærebøger i grammatik, det betød, at han mest sad oppe på sit arbejdsværelse, men hvis man rendte ind i ham på trappen eller i køkkenet, smilede han venligt og stillede ingen spørgsmål. Det var Elses mor, der var husets Hestia, hun var sundhedsplejerske, en af dem, der kørte rundt på cykel med en kasselignende bagagebærer, hvor sundhedsplejetasken kunne stå. Hun var trivelig, varm og fuld af gode historier fra sit arbejde, hun fortalte ikke afslørende eller nedgørende, men deltagende og reflekterende og med blik for det humoristiske. Når hun kom hjem fra sin daglige rute, skulle hun lige ligge lidt på sofaen, efter et kvarter gned hun øjnene, var lysvågen og klar til at drikke te. Jeg fattede det ikke, det var før begrebet "powernap" var opfundet, men ligesom så meget andet virkede det uafhængigt af sin opfindelse. Jeg blev en slags ekstra datter i hjemmet, engang skulle Else og jeg "være i køkkenet" ved en større middag, jeg indlagde mig berømmelse ved at pynte 20 rejemadder med husfred i stedet for karse. Jeg burde have vidst bedre, min mor var husholdningslærerinde, og den nøjsomme karse, som foretrak at gro i vat, var næsten den eneste krydderurt dengang. Da jeg flere år senere flygtede ud af mit forhastede ungdomsægteskab var det hjem til Else og ikke til min mor og Knud.

Tilbage til 1961, jeg ved ikke hvorfor jeg blev valgt ind i elevrådet, jeg var bestemt ikke skolepolitisk aktiv, men jeg har nok været et neutralt

6. EGNE VEJE

kompromis i klassen, som kunne mønstre de 5 til 7 stemmer, som skulle til for at samle et flertal hen over klikerne. I elevrådet var der selvfølgelig repræsentanter fra "indvandrerklasserne" og også en fra den fuldstændig nørdede matematiske drengeklasse, ham kom jeg til at snakke med. Og ved næste skolebal viste det sig, at der var flere drenge i klassen, som ikke nødvendigvis havde klamme håndflader og svedskjolder under hvide nylon skjorteærmer. I løbet af et par måneder havde jeg fået venner for livet – skulle det vise sig. Vi blev en lille gruppe – tre fra drengeklassen, en fra pigeklassen og så Else og mig, senere blev gruppen udvidet til også at omfatte en dreng fra klassen under os. Jeg husker det som, vi var sammen hver lørdag aften, vi gik ikke i byen, det var der ingen, der havde penge til, det var før erhvervsarbejde var en del af gymnasielivet. Vi sad på en eller andens værelse – bortset fra mit – og drak nogle øl eller den søde kirsebærvin Kijaffa, den havde sådan en lille messingkaraffel indfældet i flasken, sådan en har jeg stadig liggende i en lille erindringskasse. Vi hørte jazz og country, Joan Baez, Tom Lehrer og Frank Jægers viser, vi udvekslede tanker, tvivl, ønsker for livet og kærligheden, døden forekom os ikke aktuel.

Vi er tilbøjelige til at se vores ungdoms samtaler som naive overfyldte talebobler frit svævende uden mindste forbindelse til andet end den mund, de blæser ud af, men senere i livet kan man se tilbage på dem med noget, der ligner respekt. Som perlefiskere dykkede vi ned i vores ubefæstede sjæles dybder, og som ballonskippere afsøgte vi de højere luftlag for meninger og idéer. Alt hvad vi fiskede op og hev ned kom på bordet, det blev med indlevelse og entusiasme vendt og drejet. Da jeg mange år senere læste filosofi på universitetet, lærte jeg om filosoffen Rawls retfærdighedsteori, hvor frie rationelle mennesker bag "et slør af uvidenhed" om deres senere plads i samfundet skal fastlægge rammerne for et retfærdigt samfund, godt nok en hypotetisk situation, men alligevel. Vi vidste endnu ikke, hvad vi ville være, hvad vi kunne, hvad vi kunne blive. Vi gav os livet i vold med et uforfærdet mod, som kan sammenlignes med den uforfærdede indsigt, man kan møde hos ældre mennesker, som har været i livets vold. Unge mennesker med deres mangel på livserfaring og ældre mennesker med deres erhvervede erfaring befinder sig på hver sin bred i sikker afstand fra det rivende hav, som voksenlivet er. Fra vi er 25 til vi er 65 sådan ca., skyller hverdagens bølger ind over os, den ene når ikke at bruse af, før den næste indhenter den. Hver bølge har sit vraggods med af huskesedler, selvangivelser, invitationer til bryllupper og barnedåb med vedhæftede ønskesedler, indkaldelser til juleklip på gul stue og til medarbejdersamtaler om karriereplanlægning, opkrævninger og afregninger fra bank og elselskab, tilbud, afbud og påbud, papir- og elektroniske strømme fosser ind af brevsprækken og oversvømmer computeren. Der kan findes meget værdifuldt i vraggods, men det kommer hulter til bulter, og når det passer vejrguderne.

6. EGNE VEJE

I de år lærte jeg, hvad venskab betyder, og jeg lærte meget af mine venskaber. Jeg havde haft veninder i løbet af min barndom, vi havde lavet det sammen, som børn nu gør i en given alder, spillet med to bolde op ad en god væg, strejfet rundt på cykel, studeret ugebladet Tempo og læst en smule lektier. Men de ting, jeg bedst kunne lide at gøre, gjorde jeg mest alene, klatre i træer, male med vandfarve, bygge med Lego og lege med biler. Den eneste jeg havde snakket med om tanker, forestillinger, glæder og bekymringer var min søster, og jeg savnede ikke en hjerteveninde eller en venindegruppe.

I gymnasiet oplevede jeg venskaber, hvor vi gled ind over hinanden som Eulerske cirkler. Vi var sammen, talte sammen, gik ture sammen, afsøgte tilværelsen sammen, når man havde oplevet noget, tænkt eller læst noget, gjaldt det om at få delt det med vennerne. Det var bare godt at sidde i en sofakrog med et krus te, en øl eller klæg tyktflydende kirsebærvin, mens kendte stemmer svøbte én i en tryghed, der var enkel og usvigelig, ligesom det havde været at sove med sin bamse, sidde bag på min mors cykel og at gå rundt om søen med min søster. Venskab var et lyst rum med vinduer til alle sider, og alligevel kunne man finde et hjørne at krybe ind i, der var ingen faste pladser eller lukkede skabe med bristefærdige døre og ikke noget nips, der skulle tages hensyn til, det var en vidunderlig enhed af frihed og fællesskab.

Vi gav hinanden det, vi havde at byde på, uden at være bevidste om, hvad det egentlig var. En havde læst den sidste nye Tranebog, så læste vi andre den, en havde købt en ny plade, så hørte vi andre den, en havde læst noget i avisen eller hørt noget i radioen, så talte vi om det. Der skete meget i verden i de år, der var apartheid i Sydafrika, borgerretsbevægelse i USA, kold krig og Cubakrise, der blev bygget en Berlin mur og Kennedy blev skudt, der var rumkapløb og angsten for atomkrig. Der var nogen i gruppen, der insisterede på, at alt det også kom os ved, og forsigtigt og tøvende udviklede jeg en politisk bevidsthed, sådan en var ikke indgået i min forefaldende opdragelse. Politik var noget kun bedstemor gad ødelægge en middag med. Mor havde godt nok en periode sidst i halvtredserne, hvor hun indkøbte varmt undertøj og spagetti og dåsemad, det lagde hun over i et af de dyrebare kælderrum, så kunne vi lige hente det, når vi alligevel skulle over i det endnu ikke byggede beskyttelsesrum, så længe vi sad i vores første skjul under spisebordet kunne det nok undværes. Dåsemaden spiste vi senere på en rejse, og det uldne undertøj fandt jeg, da jeg ryddede op efter hendes død.

Jeg lærte andre hjem, miljøer og familiemønstre at kende, jeg lærte noget om, hvad der forgår inde i drengehoveder, og drengene om irgangene i pigehoveder.

En gang var vi alle sammen taget på skitur til Norge i en lejet hytte. Jeg måtte ikke for Knud, men ved hjælp af diverse indviklede løgnehistorier kom jeg af sted, mor bagte kage i smug, som jeg skulle tage med. Den uge lærte vi at føre en lille husholdning, vi fordelte os på mande- og kvinderoller, men afprøvede også lidt moderne ligestilling. Vi smurte hinandens madpakker og ski, og jeg oplevede stoltheden og intimiteten ved at blive bedt om at sy en tabt buskeknap i for en af drengene. Vi smagte på voksenlivet, og det smagte dejligt, meget bedre end vi havde forestillet os, efter at have set på vores forældre.

En anden gang tog vi til Bornholm, hvor en af drengene havde en storebror, som vi skulle hjælpe med at sætte et gammelt bondehus i stand. Her lærte jeg lidt bygnings håndværk, blande cement, køre trillebør og skovle, skrabe, kitte og male vinduer og glæden ved at drikke formiddagskaffe i en maleplettet overall. Om aftenen sang vi sange fra den spanske borgerkrig, som jeg ikke vidste forfærdelig meget om, men de var smukke især med lidt guitarklimren, eller vi spillede poker med pokerfjæs og énøres indsatser. Livet var i den grad værd at leve.

Vi blev studenter i 1964 og spredtes om ikke for alle vinde så nok til, at der eksisterer beviser på en livlig brevveksling fra årene 64 – 65. De tykke gulnede konvolutter, jeg har bundtet med nu mørnede elastikker, rummer lange breve, som fortsætter vores "udviklingssamtaler". Men i løbet af de næste par år bliver brevene færre og tyndere, livet fører os andre steder hen og skaber nye Eulerske cirkler. I dag er vi stadig venner, vi ses med regelmæssige mellemrum, og fortroligheden ligger lige under den lidt kejtede gensynsglæde. Der er noget særligt ved at have venner, der kendte én dengang, man i en ganske kort periode af sit liv stod nogenlunde løsnet fra barndomsfamilien og endnu ikke havde stiftet egen familie. Det er slet ikke fordi, det er en ideel position at stå så fri, ligesom man ikke skal blive stående ret længe med tæerne krummet om kanten på tre meter vippen, man skal springe, komme op og svømme i det vand, man kastede sig ud i.

Og hvad nu?

Jeg havde ingen idé om, hvad jeg ville, da jeg var blevet student, jeg havde fået en pæn eksamen, og det lå ligesom i luften, at jeg skulle læse videre, bedstemor syntes også, det var på tide, der var en i familien, der fik en universitetsuddannelse ligesom hendes far. Der var ikke noget, der hed studievejledning dengang, og hjemme var der ingen gode ideer at hente og heller ikke noget pres. Familiens resurser var gået på at få min søster parkeret på Rigshospitalets sygeplejeskole, så jeg kunne vist gøre, som jeg havde lyst til. Men jeg havde ikke rigtig lyst til noget bestemt, jeg havde godt kunnet lide latin, men for at læse det, skulle jeg også have græsk, og så meget skulle jeg nu heller ikke studere. Til eksamen i dansk havde jeg været oppe i Georg Brandes "Det uendeligt små

6. EGNE VEJE

og det uendeligt store", det havde Tom Kristensens søn Erling givet mig 10 for, så hvorfor ikke læse dansk, det kunne vel ikke være så svært. Så jeg må have indmeldt mig på universitetet, der kom i hvert tilfælde en invitation til immatrikulation, et nyt ord i min sproglige bagage.

Men først skulle jeg tjene nogle penge, jeg ville nemlig gerne flytte hjemmefra. SU var ikke opfundet, og det var utænkeligt at forvente, at mor og Knud ville støtte et sådan projekt. Min søster var nu så langt i sin sygeplejerske uddannelse, at hun havde været ude på diverse afdelinger, hun anbefalede på det varmeste sin lillesøster til afdelingssygeplejersken på afdeling O. Det var nok til, at jeg fik en måneds sommerferiejob som sygehjælper på den lukkede psykiatriske afdeling. Oplæringen bestod i at følge en ældre sygehjælper et par dage, så var jeg klar til at tage både dag- aften- og nattevagter. Jeg fik udleveret et lille bundt nøgler, to til de to døre, som var grænsebommene mellem afdeling O og resten af hospitalet, de skulle altid være låste, samt en mindre nøgle til fikseringsbælterne. Fra linnedrummet blev jeg udstyret med en rummelig mørkeblå kittel og et stivet hvidt forklæde, der skulle knappes bag på, det strammede hele kroppen op som et støttekorset. Således udrustet gik jeg ind på stuen til fire gamle mere eller mindre senile kvinder, hvoraf den ene med en hjerteskærende høj og klagende stemme uophørligt råbte, at hun ville hjem. En af de andre kvinder havde skidt i sengen og forsøgt at stoppe klagesangen ved at kaste et par lorte i retning af lyden. Hun havde ikke kastet langt nok, så lortene var havnet på gulvet. Afdeling O var en barsk affære, der lå lige dele gamle demente og senile, som ventede på en plejehjemsplads og almindelige psykiatriske patienter, med psykoser af forskellig dybde. Mange patienter var om natten fastspændt med bælter, om morgenen låste vi bæltet op, vaskede dem og redte sengen, og nogle kom så tilbage i bæltet, vi var altid to om én patient. Dengang i midten af tresserne var elektrochok det foretrukne behandlingsmiddel, der var noget uhyggeligt ved at se patienterne blive kørt ned til chok behandling. Det var urolige, ulykkelige eller aggressive mennesker, men mennesker, som havde blikke og reagerede på omgivelserne, ofte var det nødvendigt med en beroligende sprøjte, før portøren kunne køre af sted med dem uden al for megen larm. Når de så "chokerede" kom tilbage, lå de helt stille og slappe som suppeviske, det kunne tage flere timer, før man de fik deres blik igen. Nogle fik rigtig mange chok, og de fleste var bange for det, det var jo ikke noget, de selv havde valgt, men de pårørende har vel accepteret behandlingen, og måske hjalp den også. Det gjorde dybt indtryk på mig at se folk ligge så hjælpeløse der i sengen, mens hvide kitler traf beslutninger hen over deres dysfunktionelle hoveder. Ganske urimeligt og uretfærdig imod tidens psykiatriske behandling kommer jeg altid til at tænke på afdeling O, når jeg ser en bestemt plakat fra

Amnesty, hvor en læge i hvid kittel står lidt bortvendt, mens en fange tortureres.

Resten af min studietid var jeg sygehjælper på Rigshospitalet i alle sommerferier og i januar, hvor der ikke var undervisning på Universitetet. Jeg kom til at holde meget af det, og jeg synes, det er et af de mest meningsfulde og taknemmelige job, man kan have. Jeg kom rundt i mange af pavillonerne, det gamle Rigshospital bestod af lave, lange bygninger, hvor der var kæmpestore vinduer på begge langsider, indenfor gav det et fantastisk lys. Der var ingen stuer, patienterne lå i ét stort rum, hvor væggene mødtes i runde hjørner, så støvet ikke kunne gemme sig og undslippe den daglige gulvvask. Sengene var arrangeret i grupper på seks, så kunne patienterne snakke sammen, og vi sygehjælpere kunne sludre lidt til højre og venstre, mens vi hjalp med morgen- og aftentoilettet, tørrede borde af og delte mad ud. Jeg mindes især formiddagene som lyse og venlige med en velgørende blanding af ro og travlhed, det var mit indtryk, at patienterne havde samme følelse, for så vidt man kan føle velvære på et hospital.

Et hospital er en mindre udgave af det store mangfoldige samfund, og det var det nok i højere dengang, da privathospitalerne endnu ikke skummede den sociale fløde, der var patienter fra alle samfundslag og i alle faser af livet. En sommer var jeg på barselsgangen, hvor jeg lærte den ædle kunst at svøbe en nyfødt og lægge det til moderens bryst. Den sidste øvelse skulle dog undlades, når barnet skulle adopteres væk, så blev det fjernet med det samme, og moderen blev kørt ind på stue A til de andre barnløse mødre. Stue A lå så langt væk fra de nyfødtes fælles stue som muligt, så de brystspændte kvinder ikke kunne høre barnegråden.

Et andet år var jeg på en intensiv hjerteafdeling; en morgen vaskede og friserede jeg en patient, som havde det rigtig dårligt, hun bad mig om ikke at sætte hårelastikken for stramt. Om aftenen, da jeg kom på nattevagt, var hun lige død, og jeg skulle sammen med en af de ældre sygehjælpere vaske hende igen, vi lod håret være løst. Det var min første fysiske berøring med et dødt menneske, bagefter havde natsygeplejersken skænket et pænt glas portvin op til mig.

Da jeg var barn var jeg, som jeg tror, mange børn er, lidt bange for gamle mennesker, ligesom jeg var for små børn. Gamle mennesker var også fremmede, deres stemmer, deres bevægelser, gamle mennesker var skrøbelige som fine porcelænsvaser, jeg turde ikke røre ved dem af frygt for, at de skulle vælte og gå i stykker. Mine ferier som sygehjælper fjernede denne frygt for sygdom og alderdom, netop syge og gamle har behov for, at man rører ved dem uden overdreven forsigtighed og tøven. Når jeg er på besøg på et hospital i dag føler jeg stadig en vis fortrolighed med atmosfæren og arbejdsgangene, selvom meget er forandret.

6. EGNE VEJE

Jeg henter vaser, kaffe og saftevand, retter på puder og organiserer lidt på sengebordet. Hjemme lægger jeg stadig lagner på, som jeg lærte det for mere end 45 år siden, det er især foldningen af hjørnerne, som er afgørende for den vellykkede sengeredning. Jeg lærte også, hvordan man lægger rent sengetøj på, uden at jage patienten ud af sengen, det fik jeg brug for, da min mor blev meget syg. Det er god øvelse at måtte håndtere sygdom og død, inden man får begge dele helt tæt på. Man bliver ikke mindre ulykkelig, når man står i situationen med nære venner og familie, men man bliver bedre til ikke at se sygdommen og den forstående død som et fremmedgørende og distanceskabende element i den nære relation.

Det første sommer efter studentereksamen arbejdede jeg ikke hele sommeren i Rigshospitalets pavilloner, jeg var stadig så meget skoleelev, så jeg skulle på ferie. I tresserne var det moderne at tage i kibbutz eller i arbejdslejre rundt om i Europa. Mine venner tog sydpå, men jeg havde nu engang fået smag for fjeldene og granskovene, så jeg meldte mig til en lejr i det nordlige Finland, der var ikke så meget fjeld, men der var masser af skov. Jeg var gået mere efter lejrens geografiske beliggenhed end efter dens ideologiske grundlag, det viste sig heldigvis at være ok. Bønderne oppe i de uendelige skove kunne ansøge om at få unge frivillige til at hjælpe til med at omdanne lidt skov til landbrugsjord. Egentlig er der ikke så meget at fortælle om min Finlandstur, det var en dejlig tid, arbejdet var af varierende hårdhed fra direkte skovrydning til bærplukning. De kilo jeg havde tabt ved at være nattevagt, tog jeg på tre gange dels i muskler, dels ved en umådeholden indtagelse af pandekager med fed lysegul rømme og multebær, som de venlige finske bondekoner serverede, maden på gårdene var lønnen for vores arbejde. Men jeg havde en oplevelse, som var meget pinlig dengang, men som jeg siden har brugt som en gavnlig erfaring.

Jeg var ankommet til lejrbarakken en aften og efter en kop te og et par margarinemadder, som var den proviant, barakkens køkken kunne byde på, fik jeg anvist min køje. Her skulle jeg så have lagt mig til at sove og være stået frisk op til arbejdet næste dag. Men ak, jeg lod mig lokke af et par erfarne lejrdeltagere, som vidste, at de nye ofte havde noget sprut med i rygsækken fra båden – og det havde jeg også, en hel flaske whisky. Den drak vi så i smug oppe på loftet, selvom jeg nok har delt rundhåndet ud til "de nye venner", må jeg alligevel have fået så tilpas, at der ikke var meget idealistisk international arbejdskraft i mig næste morgen. Den lejransvarlige Helen spottede lynhurtigt min tilstand og min brøde, det var nemlig forbudt at drikke alkohol i lejren, hvilket muligvis havde stået i introduktionsskrivelsen, men sådan noget har jeg aldrig været god til at læse. Fyrene fik en sidste advarsel, og jeg fik en skideballe og et løfte om, at hun ville holde øje med mig. Jeg blev sendt ud på en gård med en gruppe, som havde den rette ånd. Jeg arbejdede så sveden og vablerne sprang, hjemme i barakken drak jeg te, sang sange ved lejrbålet og gik i seng i god tid før den lyse nat blev til morgen. Efter fire dage kom Helen hen til mig og sagde, at nu skulle jeg ikke tænke mere på det, jeg var accepteret, hun var endda glad for jeg var kommet. Jeg tænker på Helen, når jeg kommer ind i en ny gruppe, og oplever, at jeg er lige ved ukritisk at mingle med de smarte og højtråbende i den formening, at det er der, det sner. Det er ikke sjovt at være uden for i længden, men det er meget godt at tvinge sig selv til at sidde lidt på sidelinien og finde ud af, hvad for et hold, man vil spille på.

Universitetet.

Jeg har lige været ude at løbe en tur rundt om Sortedamssøen, der stod svanerne på hovedet og lignede foldede servietter på et middagsbord. Det gjorde de nok også for 47 år siden, da jeg cyklede over Dronning Louises Bro for at komme ind til min første forelæsning i hovedbygningen på Frue Plads. Akustikken var dårlig, sæderne var umagelige, forelæserne var kedelige, og stoffet var med få undtagelser uforståeligt. De andre studerende var klogere, vidste en masse og kunne føre en faglig samtale med lærerne. Jeg befandt mig ikke rigtig godt, kun en umoden pligtfølelse og nogle hyggelige besøg på *Det lille Apotek* holdt mig fast på studiet. Fagene til forprøven var oldislandsk, fonetik, grammatik, litteraturhistorie og fortolkning, det ene var ikke værre end det andet. Jeg læste pligtskyldigt og nødtørftigt, jeg læste Politikens litteraturhistorie, hvor de andre læste store udenomsværker og diskuterede Taine og St Beuves mere subtile påvirkning på "Det moderne gennembrud". Jeg dumpede retfærdigvis til forprøven, Billeskov Jansen var endog så venlig at kalde mig ind efter eksaminationen og spørge, hvorfor en pige med så pæn en studentereksamen kunne klare sig så dårligt. Det var pinligt, mit akademiske selvværd var på nulpunktet, jeg undgik den indre by og skyndte mig ud på Rigshospitalet for at lave noget fornuftigt.

En dag i slutningen af sommerferien vovede jeg mig ind på biblioteket for at aflevere nogle bøger, og her mødte jeg en af de andre studerende, som, viste det sig, også var dumpet, jeg fandt ud af, at jeg ikke var den eneste, vi var faktisk rigtig mange. Jeg bestod forprøven den følgende vinter, ikke prangende, men godt nok til at jeg fortsatte mit studium, jeg begyndte at opleve glæden ved at lære, knække koderne, fange en flig af noget og efterhånden vriste hele sammenhængende stykker ud af uforståelighedens mørke. Oldislandsk forblev et af hovedfagene, men nu læste vi hele sagaer på originalsproget. Jeg kan huske en dag, hvor jeg pludselig standsede op ved en sætning i Gisles saga, fordi den var smuk: "En nú falla vötn öll til Dýrafjarðar, ok mun ek þangat ríða, enda

6. EGNE VEJE

em ek þess fúss". Ja nu faldt alle vande mod Dyrefjord, og jeg måtte ride derhen, som jeg havde tænkt mig, jeg måtte gøre det her studie færdigt. Midt i anden del som følge af studenteroprøret kom der en ny og moderniseret studieordning, hvor blandt andet oldislandsk var blevet sparket til hjørne, ind på banen var kommet pragmatisk analyse, kvindelitteratur og meget andet, som ville blive nok så anvendeligt i fremtidens gymnasium. Jeg blev på den gamle ordning med oldislandsk på højt niveau, sproghistorie, prosahistorie og væg til væg litteraturhistorie, efter den nye ordning blev litteraturhistorie til små fritliggende kludetæpper. Der skete så meget i mit privatliv, så noget måtte være tungt og bagstræberisk helt upåvirket af den rivende nutid. Der var en meditativ fred ved at sidde og læse *Den Højes Tale*, *Jammersminde*, Egede Schacks *Fantasterne*, forvilde sig langt ud i den indoeuropæiske klusilsvækkelse, brydninger og palataliseringer, som forklarede hvorfor det tyske "Erde" er det samme ord som det danske "jord". Selvom jeg blev rigtig glad for mit studium, havde jeg slet ikke tålmodighed og koncentration nok til at blive evighedsstuderende eller dvæle årevis ved et speciale. I 1970 stod jeg med en middel hovedfags eksamen i dansk, og jeg var overbevist om, at det måtte være et passende kvantum universitets studium for mig.

Det kom så slet ikke til at holde stik, allerede 2 år efter, indså jeg, at det ville være en god idé med et bifag, hvis jeg ikke skulle tilbringe mit halve liv ved skrivebordet med en rød rettepen. Jeg søgte ind på Danmarks Højskole for Legemsøvelser, det blev to forrygende år. Senere puttede jeg to ekstra bifag i kurven, teatervidenskab og filosofi. Et langt og givende liv som lærer i gymnasieskolen og min kontinuerlige læsning på universitetet, som ligefrem resulterede i gode eksamenskarakterer, gav mig efterhånden det akademiske selvværd, som jeg i den grad havde manglet i mine første studieår.

I dagene omkring min 20- års fødselsdag begyndte min mor igen at vaske om natten. Jeg havde søgt kollegieplads på Egmont kollegiet, det lå lige nede ved Vibenshus Runddel, altså en cykeltur på mindre end 10 minutter fra Emdrupvænge, det anså jeg for at være en skånsom måde at flytte hjemmefra på, men det syntes min mor ikke. Dramaet fra min søsters fraflytning gentog sig, selvom det var anden opførsel, var intensiteten ikke mindre, nu var det jo endeligt. Jeg var det sidste hjemmeboende barn, den sidste grænsepæl inden hun skulle vove sig ud i tosomheden alene med Knud. Hun var bange, ulykkelig og vred – og fuldstændig urimelig urealistisk og egoistisk, men jeg fik ondt af hende og kunne ikke gennemføre min beslutning. Jeg trak min ansøgning tilbage, og mors vredestårer blev til glædestårer, der faldt en velgørende fred over huset, men den tabte kamp havde lagt kimen til et nyt forsøg, næste gang skulle det lykkes.

Ringen

Sommeren 1966 købte jeg en busseronne af flaskegrønt uld i Hammerfest, jeg elskede den, og den hang på mig de næste 20 år, i Hammerfest fik jeg også en forlovelsesring, den var jeg ikke nær så glad for.
Jeg havde i gymnasiet haft forskellige kærester, ikke noget rigtigt alvorligt, som krævede forældrepræsentation, jeg havde vennerne, og det var sjovere og nemmere. Der var dog en fyr, jeg var lun på, men han var mere interesseret i en anden pige i min klasse. Jeg sad lige bag ved hende og gloede lige ind i hendes skidtvigtige nakke, hendes hår var touperet og sprøjtelakeret med hårlak, når hun drejede hovedet, var der ikke et hår der bevægede sig, hele hårmassen fulgte med. Den frisure ville jeg ikke konkurrere med, så når der til skoleballerne blev skruet ned for lyset ti minutter i tolv, og en smægtende saxofon satte i gang, dansede jeg lidt uforpligtende kinddans. Bagefter nød jeg min ensomme cykeltur ud til Emdrupvænge, eller jeg sov hos Else. I slutningen af 3g gik der kludder i det mellem fyren og voksmannequinen, og lige pludselig var det mig, der blev hentet og bragt i faderens hvide Volvo Amazon. Jeg havde vundet en konkurrence, som jeg egentlig troede jeg havde trukket mig ud af, og nu stod jeg med præmien og vidste ikke rigtig, hvad jeg skulle stille op med den, men sådan en præmie lader sig jo ikke bare stille op på en hylde. Forholdet, hvis man kan kalde det, det humpede af sted et par år, så tog vi på en meget lang biltur til Nordnorge i en meget lille blå Renault, og da vi vendte bilen i Hammerfest købte vi to glatte gyldne ringe, og så var vi forlovede. I stedet for at være glad og forventningsfuld, følte jeg mig flov og uærlig, jeg skammede mig, jeg havde svigtet mig selv og fyren ved ikke at stå ved, hvordan jeg egentlig havde det med forlovelser. Jeg syntes, det var småborgerligt, kikset, vammelt, bare ordet var mig imod, jeg ville aldrig kunne sige "det er min forlovede" – og det burde jeg jo have fortalt ham. Men nu havde jeg sagt ja og taget den forbandede ring på fingeren, og så kunne jeg ikke være bekendt at slå op, "alle vande faldt mod Dyrefjord", men det var ikke nogle gode vande. Da vi kom tilbage til København prøvede jeg at skjule ringen for mor og Knud, de opdagede den selvfølgelig og sendte hinanden blikke hen over krebinetterne, selvom jeg kikkede ned i min tallerken kunne jeg fornemme, at det ikke var blikke ladet med lykønskninger. Når jeg skulle på universitetet tog jeg ringen af allerede nede i cykelkælderen og puttede den i min pung, så skulle jeg bare huske at tage den på, hvis jeg blev hentet. Jeg følte mig så ufri, hjemme som en undulat i et bur, min mors ængstelige blikke holdt mig fast på pinden, og når jeg var ude føltes ringen så tung som Daltons brødrenes fodlænke, hvad enten den sad på fingeren eller lå i pungen.
Noget måtte der ske, i stedet for at brække pinden og kappe lænken,

flytte hjemmefra og bryde forlovelsen, troede jeg, det var et spørgsmål om at vælge. Valget forekom indlysende, for hvis jeg valgte ringen og giftede mig, kom jeg ud af buret, og det måtte da give noget frihed. Tænk at man kan omgås så uansvarligt og lemfældigt med andres og ens eget liv. Der burde findes et ungdomspoliti, som stoppede én i at begå de værste dumheder – og dog, hvis man ikke fik lov til at begå sine egne dumheder, ville éns chancer for at blive et forstående og tilgivende menneske blive betragteligt forringede.

Jeg blev gift på Københavns Rådhus den 29/4 1967, jeg havde en smuk batikfarvet kjole på i gule og grønne nuancer, den klædte mig så dårligt, at jeg selv kunne se det. På vej ned af Rådhus trappen rungede spørgsmålet i mit hoved "Hvad har jeg dog gjort?". Mor havde fået bedstefar og bedstemor til at lægge hus til middagen, der var dækket op, som jeg huskede det fra mine lykkelige barndomsår, damaskdug som glitrende sne, tre krystalglas på række ved hver kuvert, rødvinskarafler med slanke svanehalse og de stivede servietter foldet som fuglereder. Mor havde fået en kollega med en poetisk åre til at skrive en sang på melodien "Poul sine høns i haven lod flyve", meget passende, jeg følte mig nært forbundet med de forvildede høns. Der har sikkert været nogle taler, jeg husker ikke andet end det dækkede bord, jeg kan næsten komme i tvivl om, jeg var tilstede ved den bryllupsmiddag. Senere tog vi ind til Oles forældres store lejlighed i ved Kongens Have, hvor kaffen skulle drikkes, og så skulle der danses. Hele Oles familie var danseekvilibrister, og min danseundervisning var som bekendt blevet afbrudt i femårs alderen ved hopsa. Hvordan jeg kom gennem brudevalsen husker jeg heldigvis ikke, men jeg har et glimt af mig selv siddende i en dyb stol i dagligstuen, gennem fløjdørene kan jeg se en masse dansende par, der iblandt Ole og hans mor, de snor sig elegant ud og ind mellem de andre til noget muntert quick-step lignende musik.

Mærkeligt nok har jeg ikke fundet et eneste fotografi fra den dag, Knud som ellers var ivrig fotograf har ikke taget nogen.

Jeg ved ikke, om Oles forældre tog billeder til brylluppet, de var væsentlige mere positive overfor projektet end mine. Oles far havde fremtryllet en toværelses lejlighed i Brønshøj, det eneste vi skulle gøre for at få den, var at gifte os, det var nemlig et krav dengang for at leje en lejlighed, ejerlejlighederne var ikke opfundet. Mine svigerforældre (også et ord, som ikke faldt mig let) havde været særdeles ihærdige med hensyn til rengøring, maling og indretning, en gamle tante blev særlig indkaldt til at skure og afkalke toilettet. Jeg gik ude i det lille køkken, som vendte smukt mod gården og malede skabslågerne lyseblå.

Bryllupsrejsen måtte udskydes, jeg skulle først til eksamen og så skulle vi tjene nogle penge, hvorfor jeg ikke kom på mit elskede Rigshospi-

6. EGNE VEJE

tal, forstår jeg ikke, måske havde det noget at gøre med arbejdstiden, en gift kone kunne ikke have aften- og nattevagter. I hvert tilfælde blev jeg ansat i Illums Bolighus, en oplevelse, jeg ikke ville have undværet. Bag de stilfulde grå og hvidstribede bluser, som var obligatoriske, afslørede der sig en ledelsesform og arbejdsforhold der var gennemført usympatiske. Ved ansættelsen blev jeg spurgt om, jeg var medlem af en fagforening, svaret skulle være "nej", derefter blev jeg nøje pålagt ikke at snakke om løn med de andre ansatte. Man måtte aldrig forlade butikken i arbejdstiden, al ud- og indgang skulle foregå gennem kælderen, hvor stempelmaskinen spærrede al passage. Påklædningen skulle ud over den udleverede bluse være nederdel, nylonstrømper og lukkede sko med hæl. Når man var ude i afdelingen, måtte man ikke læne sig op ad disken og ikke gå formålsløst omkring. Det betød, at man stod otte en halv time i de særlig indkøbte pumps, som måtte skrælles af om aftenen, før fødderne sydende kunne nedsænkes i et fodbad. Sidst i samtalen så den elegante og myndige dame på mig og spurgte om, hvor jeg boede, jeg svarede som sandt var på Sandbygårdsvej i Brønshøj. "Så kalder vi Dem fru Sandby". Jeg havde nemlig giftet mig til et – sen navn, og det tog sig ikke så godt ud på den stribede bluse.

Det blev en varm sommer, kunderne kom svedende ind i deres lette sommerkjoler, solen kastede et skråt lys ind gennem hovedindgangen, stemmerne fra Strøget nåede porcelænsafdelingen, hvor jeg stod, som en fjern summen. Vi fik en ussel løn, men dertil kom en lille provision af det vi solgte, der var nogle bestemte stel, som skulle sælges ud, de gav dobbelt provision, så dem prøvede vi at prakke amerikanerne på. En gang i mellem blev jeg kaldt over i den dyre bestikafdelingen, min sproglige studentereksamen, som havde sikret mig den lidt højere løn, jeg ikke måtte tale om, var god, når der var tyskere eller franskmænd, der skulle have knive, gafler og skeer til tolv. Når jeg så skrev købet på bestikekspedientens notablok og ikke på min egen, tror jeg, de syntes jeg var mere dum end solidarisk, noget kammeratskab var det umuligt at udvikle under de forhold.

Efter den lærerige og uforglemmelige oplevelse tog vi på en såkaldt bryllupsrejse til Mallorca. Hele juli havde solen skinnet i København og sikkert også på Mallorca, men da vi ankom blege og med shorts og badetøj, regnede det, og det gjorde det, som jeg husker det alle 14 dage. Det var som om, guderne ikke rigtig påskønnede mit giftermål.

Det gik heller ikke mere end trekvart år, efter megen sindsoprivelse og forsøg på mægling fra Oles forældre søgte vi om skilsmisse, det var ikke helt enkelt, men krævede en tredje part, jeg kunne være utro med, og det måtte jeg så finde. Jeg ansøgte straks om at få mit eget navn tilbage og smed ringen i en af Københavns kanaler.

Jeg har aldrig siden haft en forlovelses- eller vielsesring, men nu har jeg en ring, jeg har fået af den mand, jeg har været gift med i snart 25 år. Den er købt på et lille marked i Sydfrankrig, den er af et ganske uædelt metal, den kan blive en anelse trykket og skæv, men så kan man rette lidt på den, så passer den igen til fingeren, den ring gemmer jeg aldrig i min pung.

På vingerne

På varme sommerdage havde min søster og jeg sommetider trillet badedragten ind i et håndklæde, klemt rullen fast på bagagebæreren og i højt humør cyklet ud af Emdrupvænges gule husrækker med kursen mod nordøst. Vi ræsede foroverbøjede gennem Hellerup, forbi Blidah Park, som bedstefar vist engang havde præmieret, gennem Charlottenlund Skov, forbi Fortet, og der hvor cykelstien knækker mod højre, rettede vi os op, slap pedalerne og strøg i frihjul lige ud mod det glitrende Øresund, det var som at lande på Rivieraen. Så gik det i nydende mageligt tempo forbi de riges hvide villaer ud til Bellevue Strandhotel, hvor gæsterne sad og solede sig på terrassen og havde fri adgang til den honninggule sandstrand, vi andre skulle betale ved en lille billetluge.

Bellevue var ikke det rigtige Paradis som Rørvig, men en af stationerne før, der var badekabiner, badebroer, livreddertårne og en lang hvidkalket kiosk, hvor man kunne købe alt fra røde pølser, gule citronvand, is, Pernille chokolade og bændellakrids. Vi kom aldrig længere nord på, havde vi fortsat bare én kilometer, var vi kommet til Pensionat Fønss nede i Tårbæk, men hvorfor skulle vi køre derned? Vi havde jo ingen anelse om, at jeg skulle komme til at tilbringe nogle af mine lykkeligste ungdomsår der.

En vinterdag, knap et år efter, jeg var gået ned af Rådhustrappen, pakkede jeg et par tasker og forlod mit ægteskab, min toværelses lejlighed med dørskilt, spisebord og sofaarrangement, elektrisk håndpisker og egen telefon. Det var i bogstaveligste forstand en forfærdelig befrielse, min skyldfølelse var enorm, men min lettelse var større. Jeg turnerede lidt rundt med mine tasker, var på studieophold i Oslo, indtil jeg efter sommerferien (på Rigshospitalet), kunne flytte ind på Tårbæk Kystkollegiet, som det majestætiske Pensionat Fønss var blevet omdøbt til.

Indtil midten af d. 19. årh. havde Tårbæk været en lille fiskerby, hvor fiskerne trak bådene op på stranden, og konerne gik ind til Gammelstrand iført tørklæder, sjaler og muffedisser for at sælge fangsten. Men det voksende borgerskab begyndte at få smag for at slippe ud af byen om sommeren og rekreere sig på diverse kur- og badesteder. Tårbæk havde en ideel placering mellem skov og strand til at blive kurby. Driftige entreprenører byggede badehoteller og sommerpensionater. På fotografier fra omkring 1900 kan man se kæmpemæssige, slotslignende bygninger med terrasser, balkoner og balustrader, herfra kunne det københavnske borgerskab se ud over havet og ned på den lokale befolkning, der på malerisk vis puslede med deres forskellige gøremål. Mange år efter min tid på kollegiet, flyttede jeg tilbage; min mand og jeg købte sammen med et andet par den gamle havnefogedbolig, her boede vi 10 år i et lille kollektiv. Vi kom efter en lidt skeptisk modtagelse på fin talefod med de gamle tårbækkere, de kunne fortælle om, hvordan hele familien om sommeren var blevet stuvet sammen i redskabsskuret, så man kunne leje ud til københavnerne. Det synlige bevis var, at der i mange af skurene stadig var rester af blomstret eller stribet tapet.

Pensionat Fønns kan kendes på de gamle billeder på sin karakteristiske "trappe" af terrasser ud mod vandet, det var en statelig bygning i 4 etager og med et smukt lille træ anneks, som var tegnet af Bindesbøll. Kollegiet blev revet ned i 1978, men anneksen er bevaret og er en del af de ældre boliger, som blev opført på kollegiets grund. Efter krigen begyndte det at knibe med at fylde de mange hoteller og pensionater, de forsvandt lidt efter lidt. Københavnerne begyndte at få eget sommerhus og rejse til Harzen og Luganosøen. Pensionat Fønns overlevede ved at leje værelser ud til studerende om vinteren og kun drive pensionat om sommeren. I 1963 blev pensionatet overtaget af Polyteknisk Forening, som havde brug for værelser til de studerende på det nye DTU, der stod færdigt på Lundtofte Sletten. De første indflyttere på kollegiet var især unge mænd fra Jylland, som var godt tilfredse med at være naboer til Dyrehaven og Øresund, de havde ikke behov for at bo tæt på "Det lille Apotek", "Vingården", "Pilekroen", "Montmartre" og alle de andre steder, hvor byens studerende lagde deres penge.

At jeg flyttede ind på Tårbæk Kyst skyldtes hovedsagelig, at ventetiden var meget kort, man ville gerne have nogle piger ind, og jeg ville bare gerne have pakket mine tasker ud. Det gjorde heller ikke noget, at der var omkring 10 kilometer ind til Emdrupvænge og 15 til Universitetet, jeg havde min lille sorte Velo solex.

Jeg fik "et begynderværelse", det var lille og med udsigt til parkeringspladsen og en flig af havet. Den gængse sengemodel dengang var ølkasser, en spånplade og en skumgummimadras, det var min også plus et nyindkøbt sengetæppe fra Janus og nogle puder. I kollegiets kælder var det nemt at finde et forladt bord og et par stole, Knud satte en teaktræshylde op til min lille lærebogssamling og et par portvinsglas bedstemor havde givet mig. Det var så mit hjem, og jeg savnede intet fra lejligheden i Brønshøj, og da der et års tid senere stod et par kasser uden for min dør med nogle bøger og lidt potter og pander og andet

6. EGNE VEJE

bodelingsgods, var det nærmest til besvær.

Der var ca. 50 værelser på kollegiet, bad i kælderen og tre køkkener, ét i annekset, ét på 3. sal og så det store pensionatskøkken i stuen, hvor der også var fælles spisestue, opholdsstue og verandastue. Stuerne var indrettet med klodsede og robuste fyrretræs møbler med noget ubestemmeligt betræk, men det så vi ikke, det var vores hjem, vores stue, vores fjernsyn, vores skårede tallerkner, hvor der stadig var en del, som bar indskriften "Pensionat Fønns", det var vores umage glas, bulede kasseroller, fedtede stegepander og udtørrede potteplanter.

Der var én telefon i spisestuen afskærmet af noget lydisolering, den betjente hele kollegiet både indgående og udgående opkald, man måtte ikke tale for længe i den. Der var altid nogen til at tage telefonen, telefontageren ringede så via et hjemmelavet internt kaldesystem op til den aktuelle beboer, som så kom stæsende ned ad trapperne eller ovre fra annekset, men ofte var vedkommende allerede i stuen. Det var nemlig ikke helt sjældent, at man ikke nåede op på sit værelse før det var sengetid. Det tager tid, når alting er fælles: tedrikning, madlavning, spisning, fjernsyn, skakspil, snak og godnatøl.

Om sommeren spillede vi fodbold og volley på vores græsplæne og måtte med faste mellemrum ud og hente bolden i vandet. Vi sad i de lange lyse aftner beskyttede mod havgusen af tæpper og trøjer, og pludselig var der en lille orange bule på havet, og himlen forvandlede sig til en lysende akvarel.

Det krævede næsten umenneskelig karakterstyrke at løsrive sig fra fællesskabet og gå op til de forsømte bøger på værelset. Når de fleste af os alligevel fik læst så meget, at vi kunne gå til eksamen med passende mellemrum, skyldtes det visheden om, at vi ellers blev smidt ud, og det var det værste der kunne ske. Somom hverdagene ikke var festlige nok i sig selv, blev der holdt store traditionsrige fester for at markere årets gang; nytårsfest, karneval, pavefesten (når Bakken åbnede), sommerfest, introduktionsfest, efterårsfest og så lige en novemberfest inden julefesten. Adskillige mennesker jeg senere har mødt, har været til fest på Tårbæk Kyst kollegiet, og det lille lys i deres øjne fortæller, at det var gode fester.

At bo på kollegium var lige mig, her fandt jeg den samme frihed og fællesskab, som jeg havde haft med vennerne i gymnasiet. Når jeg var i Emdrupvænge og spise hos mor og Knud, var den vagtsomhed og nevøsitet, som altid havde sitret i luften væk, kollegiet lå som et oplyst eventyrslot lige bag mig og ventede på, at jeg kom tilbage.

Ikke mærkeligt at Tårbæk havde været et populært kursted. Luften dér var anderledes, som var den almindelige lufts kvælstof udskiftet med et særligt lykkestof, der fik en til at glædes og gro. Det var som at komme på højfjeldet efter at have rodet rundt nede i en sump, som at blive trukket ud af en snærede urtepotte og blive plantet ud i et stort bed, hvor rødderne kunne strække sig til alle sider.

De seks år, jeg boede på kollegiet, blev ikke en sorgløs tid, min bedstefar og min farmor døde med kort tids mellemrum, der var større og mindre kæreste- og studieproblemer, men alt i alt var det en periode præget af opbygning og skabelse.

Jeg fik min embedseksamen både med hovedfag og bifag, et job, en kæreste og en motorcykel – og min søn. Den 6. marts 1970 flyttede en lille brunøjet dreng, som havde boet i min krop, ud i verden og ind i min sjæl, der har han boet siden.

Men nu nærmer vi os nutidens land, og det vil jeg ikke skrive om, men leve i.

Falkonergårdens Gymnasium 1962.
Det er mig i anden række nr. 4 fra venstre

102   6. EGNE VEJE

Nogle af vennerne i 3. g

Tårbæk Kyst Kollegiet

6. EGNE VEJE 103

Søndagstur i Dyrehaven.

Mig som mor

7
FORÆLDRELØS OG FORÆLDREBUNDET

Mine tre forældre for længst døde, om syv år er jeg selv lige så gammel som mine biologiske forældre var, da de døde. Det bekymrer mig ikke som sådan, at de begge to døde som 72- årige, det er bare et faktum. Knud døde fem år efter mor i 1994. Jeg savner ikke mine forældre, jeg vil endda hævde, at jeg ikke tænker så meget på dem. Jeg passer gravstedet, hvor mor og Knud ligger i bedstefars, bedstemors og oldemors forende. Når jeg står der, samler jeg mine tanker om dem og putter tankerne ned i jorden til de døde sammen med årstidens potteplante; mor får til sin fødselsdag sin egen blomsterbuket. Jørgen Erik ligger ude i Søborg i afdelingen for de ukendtes grave. Selvom jeg ikke tænker på dem til hverdag, har jeg en stærk fornemmelse af, at de alligevel er i mig og i mit liv i en grad, som jeg ikke ville have troet mulig, da jeg var ung. De er der med det de gav mig, og det, de ikke gav mig – og hvad var så det?

Den første far

Når jeg tænker på Jørgen Erik, følger der altid et stilbillede med af ham i profil, lidt strit lyst hår og en buet næse, hvis jeg vil se hans øjne og et lille forsigtigt smil, må jeg ty til et fotografi. Profilen forfulgte mig hele min barndom, den indgød mig en særlig uro og angst. Et års tid før han døde, sad vi og drak te, og pludselig så jeg ham i profil igen, og selvom han nu var en ældet og venlig mand, rørte den gamle angst alligevel på sig, og jeg måtte rationelt tænke den til ro.

JE var min barndoms dæmon på én gang foruroligende og dragende ligesom det tætte, mørke buskads omkring mit barndoms Viktoriabad - han var forbudt område, han var farlig, men ikke til at komme udenom.

Sammenlagt kendte jeg ham i mindre end ti år, hvoraf de første fem er min tidligste barndom, da var han mest en høj skygge ved siden af min mor. Jeg husker ikke, at jeg har siddet på skødet af ham eller gået med ham i hånden, det eneste rigtig gode minde fra de år er sygebesøgene. Da vi var flyttet fra Haderslev og var kommet i sikkerhed hos bedstefar og bedstemor, forsvandt skyggen og jeg glemte ham næsten, kun min

7. FORÆLDRELØS OG FORÆLDREBUNDET

søsters sorg og savn var bevis på, at han var der i virkeligheden.

Farmors klodsede forsøg – eller måske var det JE's - på at holde en kontakt vakte angsten igen.

Det lykkedes ham aldrig i de spredte perioder af samvær at indgive mig tillid, jeg troede aldrig på ham, regnede aldrig med ham.

Jeg kan se af diverse breve, at der har været et åbent vindue i mellem os omkring 1961. Breve er nu så meget sagt, JE kradsede en kort meddelelse ned om afhentning eller mødested på et afriv fra receptblokken og stoppede det i en kuvert. Jeg tror det var dengang, vi af og til kørte op til nogle venner, han havde (eller gamle patienter), som ejede Hellebæk Strandhotel. Der fik vi så en fin menue og var behørigt imponerede, men ikke tanket op med faderkærlighed. Retfærdigvis skal det dog siges, at nogle af de lakoniske meddelelser slutter med "kærlig hilsen Far ". Han skrev altid "far" med stort, der er også et fødselsdagskort dateret d. 23. juli, jeg har fødselsdag d. 18 januar.

På en eller anden måde er hans testamente havnet hos mig, af det kan jeg se, at han i 1961 udfærdiger et testamente, hvor hans tre døtre skal dele arven efter ham lige. Men allerede i 1962 er der foretaget en ændring, som stadfæster, at hans yngste datter skal arve mest muligt, og min søster og jeg efter gældende lov skal arve mindst muligt, hvad det skyldtes ved jeg ikke, men det bekræfter min forestilling om hans utilregnelighed.

Fra årene 65 – 66 er der også nogle konvolutter med "recepter" i, tonen er mere kølig, synes jeg. Det virker som om, jeg har henvendt mig, og han nødtvungen svarer tilbage – vi kan godt mødes, men ikke lige med det samme, han har travlt.

I hans efterladte papirer finder jeg også et brev fra 1966, han har skrevet til farmor. Når det også lå hos ham, er det fordi, han skrev med gennemslag, som om det var sagsakter. Det fremgår af brevet, at han har indvilget i at holde farmors 85- års fødselsdag, men så vil han også bestemme, hvem der skal inviteres. Farmor vil tilsyneladende gerne have, at min søster og jeg kommer, men han skriver direkte citeret tilbage: -"det er mig der inviterer, og jeg har ikke lyst til at invitere nogen, jeg ikke har lyst til at se ..." derefter nævnes min søster og jeg med navn, og han konkluderer, derfor bliver vi ikke inviteret.

Omverden så JE som et venligt og lidt tilbageholdende menneske, de fleste holdt af ham, temmelig mange elskede ham, deriblandt min mor og min søster, han havde en drenget generthed, som tiltrak kvinder ligesom et lagersalg. Han var en høj ganske pæn mand, altid klædt i grå bukser, lyseblå viella skjorte og en mørkeblå jakke – ikke slips. Livet og adskillige dørkarme havde lært ham at indtage en lidt ludende hold-

7. FORÆLDRELØS OG FORÆLDREBUNDET 107

ning, hans patienter havde stor tillid til ham, modsat hans børn. Han arbejdede meget og elskede det, ved siden af sin konsultation var han i mange år tilkaldelæge på en fødeklinik, og senere kørte han lægevagt. Den lange arbejdsdag skyldtes ikke udelukkende kærlighed til arbejdet, men også behovet for at tjene penge. Da hans andet ægteskab gik i opløsning, anbragte han sin femårige datter i en plejefamilie, her blev han selv husven, medforsørger, og da manden i huset ofte var bortrejst senere elsker. Det var en stor familie, så det var helt fint med en ekstra indtægt til biler, hus i Sverige og en stor husholdning, JE betalte gladelig, bare han kunne slippe for vrøvl.

JE var ikke uintelligent, han var ikke ond, når han alligevel kom til at såre sine nærmeste så grusomt, var det fordi han var svag og konfliktsky. Når tingene blev uoverskuelige flygtede han, pakkede det mest nødvendige i sin Volvo og flyttede op i konsultationen. Når jeg er så overbevist om, at det var det, der var hans brist, er det fordi, jeg kender det fra mig selv, jeg er selv flygtet tre gange ud af etablerede parforhold med fælles dørskilt.

Modsat JE var jeg så heldig at møde en kærlig mand, som ikke er allergisk over for konflikter. Jeg har lært, at visse konflikter er nødvendige at tage, hvis man vil bevare sin selvrespekt og fortjene tillid fra andre.

Det sidste brev jeg har fra JE er dateret i 1984, det kom nogle måneder efter han havde holdt sin 70 års fødselsdag. Efter ikke at have set hinanden i 14 år, blev jeg og min mand inviteret med til hans fødselsdag på Hellerup Park Hotel med – dresscode, jeg havde takket "nej" i et længere brev.

Jeg var stolt af det "nej", det var kommet inde fra en kerne i mig selv, og jeg følte min kernekraft var blevet stærkere og stærkere. Jeg ville ikke deltage i den forestilling, sidde der som mellemste datter til et menneske, som jeg stort set ikke kendte, men lignede umiskendeligt af udseende.

Også JE's brev er ret langt, først var han blevet skuffet, men ved nærmere eftertanke forstod han min beslutning, og jeg fornemmer endog en respekt fra hans side. I brevet udtrykker han også, at han altid har haft dårlig samvittighed overfor min mor, min søster og mig, men undskylder sig med, at han har været hjernevasket af diverse kvinder. Han slutter med at foreslå et møde, hvis jeg vil. Brevet sprængte nogle revner i den betonmur, som jeg havde bygget op imellem os, både for at beskytte mig i mod ham og for at lægge afstand til ham og hans måde at tackle tilværelsen på.

Vi mødtes, og talte ærligt sammen, der var så meget, han ikke kunne huske, muren smuldrede og ud af dens skygge kom et menneske, som jeg godt kunne kalde "far".

En kold dag i marts kom der en "flaskepost" fra Magasin i Lyngby,

7. FORÆLDRELØS OG FORÆLDREBUNDET

det var en god flaske whisky, en fødselsdagsgave til min mand kun en uge efter hans fødselsdag. Jeg var glad og stolt og glædede mig til at vise ham den, en times tid senere ringede telefonen, min far var død. Han var gået ud af hoveddøren i sin konsultation, taget en dyb indånding af den friske forårsluft og var faldet død om af et hjerteslag.

Da min far døde efterlod han sig tre koner, tre døtre og syv børnebørn. Ordet "efterlod" er i denne sammenhæng en kliché, vi havde alle været forladt længe inden han døde, måske lige bortset fra hans sidste kone, men hun havde (muligvis ved hans hjælp) forskanset sig i narkomanens enrum. Sine børnebørn kendte han faktisk ikke, jeg ved ikke, om han ville have kendt antallet, hvis man havde spurgt ham – endsige deres navne. Tilstede ved hans begravelse var hans første og hans sidste kone, de tre døtre samt en utrolig masse nuværende og tidligere patienter. Vi døtre stod for første gang sammen som et kuld om hans kiste, men vi var ikke forenet i en fælles sorg, vi tumlede hver med vores følelseskaos, et rodsammen af vrede, sorg, frustration, skuffelse, medlidenhed og mange flere ubeskrivelige følelser. Den eneste rene følelse i kirken, tror jeg, befandt sig på bagerste række i kirken og tilhørte min mor, hun sørgede over sin elskede og over det liv, de ikke havde fået sammen.

Efter begravelsen skrev hun et rasende brev til mig og min søster, hvori hun bebrejdede os, at vi ikke havde siddet sammen med hende og delt hendes sorg. Jeg ved ikke den dag i dag, om hun havde ret i den bebrejdelse. Måske havde det været mere ærligt, for mig i hvert tilfælde, i stedet for at stå til parade deroppe ved kisten. På den anden side, var mors kærlighed til JE også hendes hemmelighed, som jeg ikke havde lyst til at dele. Jeg syntes, det var at forråde Knud, hvis jeg gjorde mig til en del af mors sorg; at stå ved en lukket kiste passede meget godt til det forhold, jeg havde haft til JE.

Hvad har jeg taget med mig fra JE i mit liv, visse genetiske træk er uomtvistelige, og de er ikke lige dårlige alle sammen. Men hvad har han lært mig, præget mig med? Man kunne godt sige ingenting, men det passer ikke. Faktisk har han haft en enorm betydning for mig, netop ved alt det, han ikke gjorde og var. Han tog aldrig nogle kampe, lyttede aldrig til den moralske tone, som helt sikkert også klang i ham, han stak hovedet i en busk, eller gemte sig i villige kvindearme, hvor han ikke kunne høre noget. Jeg tror ikke han kendte stoltheden ved at gøre det rette, det sværeste, det bedste; for mig at se døde han som et ikke lykkeligt og ikke fuldendt menneske. Med fuldendt mener jeg ikke perfekt, men netop ikke fuldendt som det menneske, han havde mulighed for at blive og være.

Han lærte mig, at det er nødvendigt at arbejde ihærdigt og kontinuerligt på det projekt.

7. FORÆLDRELØS OG FORÆLDREBUNDET

Tænk at bruge hele sit liv på at vise sine børn, hvordan man ikke skal leve sit liv, det er da virkelig at ofre sig for dem, og så har vi en forpligtelse til at lære af det.

> *Telefonen ringer,*
> *min far er død,*
> *vi græder*
> *min fars koner og døtre*
> *spredt i hele landet.*
> *Men vi græder ensomt*
> *i forskellige verdner,*
> *ingen kender den andens gråd,*
> *ingen deler den andens savn,*
> *vi har intet fælles hus til vores sorg.*
>
> *Min fars rejser fra os og til os*
> *satte dybe spor ag bitterhed og kærlighed.*
> *Han efterlod os hver især et stykke af sit liv,*
> *et puslespil, hvis brikker blev spredt,*
> *og vi kan aldrig samle det.*
> *Vi knuger vores brik i hånden,*
> *af dens skarpe kanter og bløde buer*
> *danner vi vores billede af ham, der døde.*

(1987)

Den anden far

Den forårsdag i 1955, jeg blev anbragt på skødet af Knud i bussen, var jeg 9 år og han var 46. Jeg var så koncentreret om at balancere på hans fremmede og nervøse knæ, at jeg slet ikke kikkede op for at se, hvordan knæenes ejermand så ud. Jeg stirrede ud på det forbipasserende landskab, men i kanten af mit synsfelt anede jeg, at der var en stor næse med briller på.

Hvor JE var lys og lidt veg i sine ansigtstræk, var Knud mørk og voldsom i sine ansigtstræk. Under den store næse var der en fyldig mund og oven over et par meget dybtliggende øjne, panden var høj og gik over i en tidlig skaldet isse, det resterende hår var endnu sort i 1955. Knud var ikke så høj, måske derfor rettede han sig altid unødigt og vippede hagen op, så han kom til at se overlegen ud.

Hans elever på skolen frygtede hans dybtliggende blik og hans sarkastiske bemærkninger, min søster og jeg frygtede hans ustabile humør.

I dagligstuen i Emdrupvænge stod der et fint arkitekttegnet bord, det

7. FORÆLDRELØS OG FORÆLDREBUNDET

havde en sart poleret bordplade, alt hvad der stod på bordet var forsynet med filtstykker for ikke at ridse overfladen. Sådan var Knuds humør også; altid skulle man lægge et lille stykke filt imellem ham og virkeligheden, for at der ikke skulle kommer ridser i hans humør.

Jeg fandt efterhånden ud af, at Knud var meget mindre sart, når man var alene med ham, det er svært at føle sig uden for, når man kun er to i gruppen. Vi var faktisk tit alene sammen, jeg tror, han kunne lide det, jeg var stadig et barn, som uden teenagerens modhager og pikke kunne tilpasse mig det nye familieskab. Vi havde det også rart sammen, når vi kørte ud af den nye Hørsholmvej, besteg et bjerg sammen i Tyrol, eller spiste en is på Langelinie. Men selvom stemningen tilsyneladende var tryg og afslappet, var jeg alligevel på vagt, man kunne så nemt komme til at sige noget forkert, især i betragtning af alle de større og mindre løgne, der skulle holdes styr på.

Selv som voksen var jeg altid udmattet efter to timer sammen med Knud, der sad en gammel anspændthed i mig, som med årene blev til en slags omsorg, men lige anstrengende var det, for jeg vidste jo, hvad der kunne få ham til at krakelere.

Al den usikkerhed, min søster og jeg følte sammen med Knud, kom hans børnebørn slet ikke til at kende. Rollen som far lykkedes det aldrig Knud at udfylde, og vi piger at give ham, men han blev især overfor de ældste børnebørn en god morfar.

Da min søster en sensommerdag i 1966 blev gift, gudindesmuk med hvide roser i håret, kunne man ane en lille bule på maven diskret camoufleret af brudebuketten. Knud har givetvis ikke set den, for der er flere fotografier af brudeparret, han brød sig nemlig ikke om gravide kvinder i hvert tilfælde ikke om at se på dem. Da jeg blev gravid ca tre år senere, lykkedes det ham, i det halve år maven voksede synligt, at ignorere alt ved mig, der befandt sig syd for halsen. Det var som om, han fandt gravide kvinder uanstændige og anmasende, de smækkede deres tøjlesløse drifter og resultatet af dem lige op i synet på ordentlige blufærdige mennesker. Dengang i slutningen af tresserne gik man endda i særdeles ærbart graviditetstøj, om ikke i marineblå plisseret kjole med hvid krave, så dog i rummelige busseronner eller store sweatre. Gravide maver blev skjult og ikke som nu stolt vist frem i tætsiddende trikot med navlen som et lille båthorn midt i herligheden. Måske skyldtes Knuds aversion mod gravide kvinder en ubevidst solidaritet med det ufødte barn. Han var jo født uden for ægteskab af en mor, som ikke ville kendes ved ham og hans to søskende, han havde heller aldrig selv villet have børn, for ham var der intet smukt eller romantisk ved svangerskaber og fødsler.

7. FORÆLDRELØS OG FORÆLDREBUNDET

Det var kombinationen barn i kvindemave, der bød ham i mod. Så snart konstruktionen var opløst, kvinden havde antaget sit nogenlunde normale udseende, og barnet var blevet et selvstændigt lille væsen, kunne hans blik rumme både mor og barn.

Tværtimod var det som om børnebørnene med deres store kloge, men endnu uvidende øjne og bløde kroppe fik kontakt med noget mildt og tillidsfuldt inde i det kantede menneske. Han bøjede sit store ansigt ned over dem og sagde mærkelige "kraw-kraw" lyde, som børnene tydeligvis forstod, de smilede og rakte ud efter ham, pillede hans briller af og greb fat i hans store næse.

Min mor passede og puslede børnene, hun strikkede trøjer og bagte boller, tog dem i hånden og på skødet, pakkede dem ind i kærlighed. Men Knud legede hund med dem på gulvet, fortalte dem om verden, viste film og lysbilleder, snedkererede bondegårde og garager og tog dem med ud og fiske. Morfar og mormor var tilsammen magiske, børnene elskede at være hos dem, det tvang min søster og mig til at se på vores barndomshjem og vores forældre med lidt andre øjne. Vi ændrede ikke syn på vores barndom, brodden sad der stadig, men vi så, hvordan mor og Knud om bedsteforældre kunne skabe et harmonisk og kærligt hjem indenfor de samme fire vægge, som for os havde været tapetseret med løgn og lurende misstemninger. Vi undrede os, men var lykkelige for, at børnene oplevede en glæde og tryghed, som vi havde savnet.

Både min søster og jeg blev som tidligere nævnt skilt, i perioder med for meget rod og sindsbevægelse, blev morfars og mormors hjem et refugium for børnene, indtil nye rammer var sat. Morfar og mormor var der altid, gjorde sig aldrig kostbare og var ikke fordømmende, de benyttede lejligheden til at lege far og mor med de fælles børnebørn.

Knud og mor fik fem børnebørn, som på skift eller parvis holdt herlige sommerferier hos dem. Sommerhuset i Veddinge Bakker er blevet et ligeså vidunderligt minde for børnene, som Rørvig var for min søster og mig. Midt i 60'erne havde Knud og mor købt en grund fra et udstykket landbrug, endelig fik Knud lejlighed til at afprøve sine arkitektdrømme, han tegnede et nydeligt moderne A- hus med stråtag, det faldt smukt ind i Bakkerne, og fra stuens panoramavindue kunne man se ud over Sejrø Bugten. Min søster og jeg vænnede os aldrig til at kalde det et sommerhus, et sommerhus skulle være af træ og ikke af gasbeton, det skulle putte sig mellem krogede fyrretræer, som duftede af harpiks, grunden skulle være en skovrydning med vilde græsser og gederams og ikke en græsplæne, som skulle slås én gang om ugen.

Men børnebørnene elskede det, de spillede bold på den fine græsplæne, løb ned af bakkerne til stranden allerede med baderingen om maven, de fiskede med morfar og hjalp med at rense det store net, de kørte

7. FORÆLDRELØS OG FORÆLDREBUNDET

i byen med mormor og fik nye gummisko. Når de voksne børnebørn mødes i dag mindes de samme ting fra de paradisiske sommerferier.

De to drenge, jeg giftede mig til, lykkedes det ikke rigtig for mor og Knud at få med i flokken, men de var søde og imødekommende overfor dem, måske var mulighederne for mere heller ikke rigtig til stede.

Efter min mors død i 1989 blev det svært for Knud at være morfar, han var nu enkemand, det var som om motoren var pillet ud af ham, og han kunne ikke finde tilbage i den gamle ungkarlerolle. Han forskansede sig i sin sorg, klagede over sin ensomhed, men ville ikke ud af den. Èn gang om ugen kom han og spiste i det lille familiære kollektiv, min mand og jeg boede i dengang. Det var han glad for, men han ville hurtigt hjem igen, ensomheden ventede derhjemme som en hund der skulle fodres.

Engang da min søn var flyttet hjemmefra, blev han boligløs en periode, han slog sig resolut ned hos morfar, de hyggede sig med at spise fiske fileter og se gamle film; initiativer kunne Knud ikke selv tage.

Og dog! han tog et stort drastisk initiativ engang i sommeren 92, han kørte med linie 6 ind til Nørreport, gik i Daells Varehus og købte en skarp fiskekniv, jeg fandt kvitteringen.

En dag i det tidlige efterår blev der ringet til mit arbejde fra hjemmeplejen, Knud havde ikke taget sin foliebakke med middagsmad ind. Jeg prøvede at ringe til ham, men intet svar, med bange anelser kørte jeg straks til Emdrupvænge. Jeg låste mig ind og blev mødt af en kvalm lugt og en svag stønnen oppe fra soveværelset. Der fandt jeg Knud i et mes af afføring og bræk, på gulvtæppet lå den nye fiskekniv med lidt blod på klingen. Knud havde skåret sig i begge håndled, men på tværs og ikke på langs. På chatollet i stuen lå et kort afskedsbrev; jeg kom i tanke om, at han for et par uger siden havde haft små gazebind om håndleddene. Da jeg havde spurgt ham om det, slog han det hen med, at han havde revet sig på nogle roser; ikke et øjeblik faldt det mig ind, at de små nussede forbindinger dækkede over et selvmordforsøg, eller måske snarere var et kodet nødråb, som jeg skulle have tydet.

Knud kom på hospitalet, blev vasket og ordnet, og da han lå der fin og ren i den hvide hospitalsseng med små plastre på håndleddene, græd han af lettelse over, at hans nødskrig var blevet hørt. Vi holdt hinanden i hånden, og gentog skiftevis, hvor godt det var, at jeg var kommet i tide. Der i hospitalssengen var han lykkelig en kort stund. Det var klart for ham, at der måtte ske en forandring, han kunne ikke komme tilbage til Emdrupvænge, huset emmede af ensomhed og sorg, selvmordstanker og min mors fravær, hverken han eller vi andre kunne holde ud at være der.

7. FORÆLDRELØS OG FORÆLDREBUNDET 113

Knud kom på et rekreationsophold og derefter på landet hos min søster og svoger i Jylland.

Euforisk og med en positivitet, som ikke var karakteristisk for ham, sagde Knud ja til forslaget om at flytte permanent til Jylland. Han fik en udmærket beskyttet bolig, en sød hjemmehjælp, ordentlig mad og hyppige besøg af min søster og hendes familie, men han kunne ikke falde til. Hans tro følgesvend depressionen fik hurtigt taget livet af den spinkle lykkefølelse, som fulgte efter det mislykkede selvmordforsøg.

Han københavneren, som havde berejst alverdens lande, havde arkitekttegnede møbler og forstand på ægte tæpper, var havnet blandt enfoldige jyder, som man ikke kunne konversere med om noget meningsfuldt. Dertil kom, at de ikke beherskede det rigsdanske sprog, så det, de endelig sagde, var ikke blot uinteressant, men også mestendels uforståeligt. Nej de små tre år i Jylland bragte ikke nogen sjælefred eller forsoning med livet og døden. Når vi besøgte ham, snakkede om rejserne eller andre gode minder, løsnedes det lidende drag om hans mund. Det bedste vi kunne gøre var at fortælle ham, at vi holdt af ham, at han havde betydet meget for os, og at vi altid ville huske ham. Så smilte han og kunne endda få et par tårer i øjnene. Han opløste sætningerne i retoriske spørgsmål, som vi skulle svare på igen og igen – ja vi holdt af ham, han havde betydet meget og vi ville altid huske ham, og det var alt sammen sandt.

Knud døde en mild og smertefri død, efter, som han havde sagt "et særdeles velsmagende måltid" bestående af dampet fisk og frugtgrød, udåndede han i armene på den sygehjælper, som var ved at lægge ham i seng.

Knuds begravelse blev en noget trist begivenhed, vi var nok til at bære kisten ud, men heller ikke meget mere.

Knuds urne blev sat ned på den lokale kirkegård, men et par år efter, hvor et klaver og nogle andre effekter skulle til København med 3 x 34, tog vi den med. Nu er hans urne nedsat i det sidste hjørne på familiegravstedet i København ved siden af mor, og det føles rigtigt.

Jeg er ikke i tvivl om, har Knud har givet mig meget og præget mit liv. Han gav mig en social tryg barndom med mange oplevelser, som min mor ikke ville have kunnet gøre alene, de mange rejser gav mig lyst og mod til at opleve verden. Men hans svingende humør betød, at jeg har udviklet en ekstrem nærmest sygelig opmærksomhed over for stemninger. Jeg kan ikke lade være med at registrere små ændringer i andre menneskers udtryk og stemmeføring og gruble over, hvad det kan betyde, om noget af det er min skyld, om jeg kan gøre noget ved det; det kan være særdeles belastende både for mig selv og for mine omgivelser.

7. FORÆLDRELØS OG FORÆLDREBUNDET

Og så har Knud lært mig noget om ensomheden. Det menneske, som ikke har nogen erindring fra sine tidlige år om at have været genstand for kærlighed og anerkendelse, det menneske erhverver en mangelsygdom, som er kronisk. Al senere kærlighed og anerkendelse kan ikke mætte det udsultede barn. Forelskelse og succes kan dulme symptomerne, så man næsten tror sygdommen er væk, men sindet bliver ved med at være sart, og den mindste tvivl om at være elsket og anerkendt får sygdommen til at blusse op igen. Knud havde ikke haft nogen som helst familie i sine barndomsår, ingen mor, ingen far, ingen søskende, ingen bedsteforældre, der havde fået øje på ham, taget ham ind til sig og givet ham en erindring om et øjebliks uforbeholden kærlighed og opmærksomhed.

Den ensomhed, der skyldes mangel, sætter sig som et genetisk træk i mennesket og er bestemmende for dets hele forhold til livet. Nogle vil sige, at ensomhedsfølelsen kan være et værn og en styrke, det er muligt, men den er uforenelig med livsglæde og tillidsfuldhed.

Du var barnet, der blev født uden glædens gave.
Ingen mor bøjede sig med uendelig kærlighed over din vugge, når du græd.
Ingen far løftede dig overgivent mod himlen, så du hvinede af fryd.

Du jagtede glæden hele dit liv, rejste til alverdens lande, omgav dig med smukke ting og forelskede dig.
Men glæden ville ikke tage bo i dig, den følte sig ikke hjemme, efter et kort besøg smuttede den igen.

Søren Ulrik Thomsen siger i et af sine digte:

"Alt vi erobrer skal dråbe for dråbe leveres tilbage, men det vi fik skænket, kan ingen tage fra os".
Du fik ikke skænket glæden.
Til slut gav du op og affandt dig med din ensomhed, som ingen kunne tage fra dig.
Men engang imellem kiggede glæden alligevel forbi,
den vidste, du gerne ville have besøg, selvom din dør var lukket.
(1995)

7. FORÆLDRELØS OG FORÆLDREBUNDET

Mor

Når min søster og jeg taler om Knud har vi to sprog, et vi bruger, når vi taler alene sammen om ham og et, når børnebørnene er der, vi har oplevet ham så forskelligt, og det er der ingen grund til at lave om på.

Når vi taler om min mor, er det kun nødvendigt med ét sprog, vi elskede alle sammen mor, syntes hun var vidunderlig og skrækkelig irriterende. De fleste samtaler om mor er fulde af smil, kærlighed og vemod, vi kan genkender hinandens følelser, og selvom vores roller i forhold til hende har været forskellige, har vi stort set den samme oplevelse af hende.

Mor var et overmåde kærligt og givende menneske, i en grad så hun kunne have svært ved at administrere det. Hun holdt af mennesker uden at kende dem, troede på dem, gav dem ret i alt for meget og lod sig smigre af dem. Hendes tillidsfuldhed og uforbeholdne accept af andre mennesker truede i blandt med at udviske hendes egne holdninger og meninger, og det gjorde det næsten umuligt for hende at være konsekvent.

Skal min tese holde, må hun have oplevet megen kærlighed i sin barndom – måske fra onkel Sally og oldemor, men nok også fra bedstemor, som på trods af sin lidt bryske facon elskede sine børn og også i ny og næ kom til at vise det.

Men mor ville gerne være alle tilpas, hun havde fået en del kærlighed, men nok ikke så megen anerkendelse, at hun kunne læne sig tilbage i sig selv. Hun satte aldrig sig selv til centrum, hun var meget beskeden i sin selvvurdering, men hun ville elskes og være populær. Det var ikke et spil, hun forstillede sig ikke, for at folk skulle elske hende, hun åbnede bare for hele posen af charme og imødekommenhed og hældte indholdet ud over de tilstedeværende.

Som ung så mor decideret godt ud, slank brunette med hurtige bevægelser og let til latter. Selvom Knud elskede hende, og det tror jeg, han gjorde, syntes han også hun var svær at være gift med. Mor havde alt for let ved at komme i kontakt med folk, og de kunne straks lide hende, hun ville altid hjælpe, give og tage del. Knud syntes, hun blandede sig, han blev flov og irriteret over hendes udadvendthed, syntes hun lo for højt, i hans optik og med hans forhold til omverdenen blamerede hun sig og dermed også ham. Han følte sig hæmmet og overset, når mor indtog en forsamling, så trak han sig endnu mere ind i sig selv, løftede hagen og fik det stive lidende udtryk om munden. Den mekanisme har jeg observeret ved et utal af familiesammenkomster, fester og fødselsdage. Mor glemte det fra gang til gang (eller hvad hun nu gjorde), hun nåede aldrig at stoppe i tide. Når skaden så var sket, søgte hun at reparere på

7. FORÆLDRELØS OG FORÆLDREBUNDET

den, hægtede sig fast i Knuds stivnede arm og kyssede ham let på den utilnærmelige kind, det gjorde det blot endnu værre.

Mor var et utroligt aktivt menneske, hun gik på pension som 70-årig fra sin stilling som skolekøkkenlærerinde på Bellahøj Skole, men indtil et halvt år før hun døde, havde hun vikariater på skolen. I skolekøkkenet kunne hun bruge al sin energi, pjatte og charme med eleverne, som også elskede hende. De syntes slet ikke, hun var for meget, når hun tjattede til dem med en grydeske, lo og råbte, omfavnede dem og fortalte dem, hvor "pragtfulde" de var. Jeg kom tit på skolen som barn og også som voksen, så kunne jeg gennem den lille runde rude i døren se, hvordan mor var dronning i sit rige, og undersåtterne lod sig gladeligt regere: et'erne skrællede kartofler, to'erne rørte frikadellefars, tre'erne lavede sovsen, fire'erne dækkede bord og fem'erne lagde vasketøj sammen.

Hjemme praktiserede mor den samme opdeling, men da vi kun var to blev det mest ved kartoffelskrælning og borddækning.

Da vi var flyttet hjemmefra, og mor kom på besøg, havde hun altid noget med, ofte noget mad, som hun havde lavet i for rigelige mængder. Men det kunne være alt muligt, hun havde købt billigt – sokker, plastikskåle, æggebægre, brevpapir, viskestykker. Hun hældte det hele ud på bordet, og så skulle man straks tage stilling til, om man ville have det eller ej, spørgsmålet var mest en formssag, så det var nemmest at sige ja og så håbe på, hun ikke spurgte efter effekterne siden hen.

Det var svært for mor at sidde stille. Når hun skulle fra punkt A til B småløb hun helst, da vi var børn tog hun én i hver hånd, og så dansede hun af sted i gadedrengeløb, så vidste vi hun var glad. Mor cyklede hele sit liv på arbejde og gik til gymnastik hos Helle Godtved, men hun var ikke et sundt og raskt menneske, hele sit voksne liv led hun af kæbehulebetændelse, hovedpine, tandpine, hold i nakken og forstoppelse. Men hun havde jo ikke været lægekone for ingenting, så hun tog piller for det hele, masser af piller. Hun havde svært ved at acceptere, at noget medicin var receptpligtigt, al medicin burde stå fremme i supermarkedet sammen med vaskepulver og tandpasta. Da min søster blev gift med en læge, troede hun, at "baren" ville blive åbnet, men det skete til hendes fortrydelse ikke.

Hver aften tog mor en sovepille, om det var nødvendigt, tror jeg aldrig hun fandt ud af, for så skulle hun jo lade være med at tage den et par aftner, og det turde hun ikke.

Vi troede alle sammen, at mor elskede fester og at være sammen med mange mennesker, men i de senere år sagde hun, at hun syntes, det var frygtelig anstrengende og, at hun faktisk altid havde følt det sådan. Det lød umiddelbart som noget sludder, men efterhånden forstod jeg hende

7. FORÆLDRELØS OG FORÆLDREBUNDET 117

godt. Hun kunne ikke lade være med at blomstre, strø om sig med smil og latter og små kærlige knus, selvom hun egentlig gerne ville lade være. Hun var som pigen med de røde sko i HC Andersens eventyr "danse måtte hun". Det var hårdt for hende både i situationen og så oprydningsarbejdet bagefter med Knud.

Mor ældedes ikke med samme værdighed som bedstemor, da hun i fyrrene ikke kunne blive kønnere, gik det ret hurtigt den anden vej. Hun blev en anelse for tyk, sin umættelige købelyst prøvede hun at tilfredsstille ved at gå efter udsalgsvarer og tilbud på tøj og sko og ting og sager. Hun, der havde kunnet krybe i en mannequin model, blev nu lidt slidt kone at se på, hun kunne stadig shine sig op, men så kunne hun ikke dy sig for at kaste nogle similikæder om halsen. Hun så sødest ud i lange bukser og sweater, med håret lidt i uorden og et barnebarn på armen.

Da min bedstemor døde i 1987, var det et forfærdeligt slag for mor. Vi havde aldrig set mor og bedstemor være særlig kærlige over for hinanden, men alligevel var vi ikke i tvivl om, at de betød umådeligt meget for hinanden. Mor følte en dyb forpligtelse over for bedstemor, og selvom Knud ikke var så begejstret for hende, var hun meget tit på besøg, med i sommerhuset og endda med på en rejse til Egypten.

Da bedstemor var tæt på de 90 år flyttede hun fra det store rækkehus på Goldschmidtsvej og hen i en treværelses lejlighed på tredje sal uden elevator. Mor stod for hele sammenpakningen af huset og indretningen af lejligheden. Vi skulle jo have hjulpet hende, hun bad ikke om det, og selvoptaget som man er i midt 30'erne, fandt vi ikke selv ud af det før bagefter, da vi så hvor udmattet hun var.

Med bedstemors død udbrød der en sørgelig strid imellem hendes fire børn, de to ældste min mor og hendes lillebror var jo af første ægteskab, og bedstefar havde aldrig adopteret dem, selvom de fik hans navn. Størstedelen af arven tilfaldt altså de to yngste børn, det var betydelige pengebeløb, men værst var det med hjemmet, alle malerierne, møbler og kunstgenstande, som Goldschmidtsvej havde været fyldt med, blev administreret af de "ægte" børn, de to "uægte" børn måtte tage til takke med hvad, de fik tildelt. Mor følte sig svigtet, kasseret, forstødt, hun havde altid anset sig selv for at være fuldgyldig datter i huset, selvom hun ikke sagde "far" til bedstefar. Hun havde passet og elsket sine små søskende, og de var kommet meget hos mor og JE i Haderslev - aldrig havde hun forestillet sig at de ikke var lige "ægte".

Striden blev aldrig bilagt, og til min mors begravelse kom ingen af hendes søskende. Familien knækkede over, de to mostre, som min søster og jeg havde set op til og følt os elsket af, da vi boede på Goldsch-

7. FORÆLDRELØS OG FORÆLDREBUNDET

midtsvej, blev pludselig fjendtlige og fremmede. Solskinsmosteren blev den rene furie, og skyggemosteren led under konflikten, men turde ikke gøre noget. Efter mors død tog jeg kontakt til den sidste og besøgte hende jævnligt, da hun døde i 1996, blev døren til Goldschmidtsvej definitivt lukket, nu er det kun et erindringsrum, min søster jeg deler.

Da JE også døde i foråret 1987, tror jeg, min mor fik sit endelige knæk, og mon ikke grunden til den hjernesvulst, som hun døde af to år senere, blev lagt det år.

Pinsen 1989 ville mor indføre en ny tradition, vi skulle mødes alle sammen oppe i sommerhuset til hendes fødselsdag den 19 maj. Alle sammen var børn, svigerbørn, børnebørn og de kærester, de var begyndt at få, det blev en femten stykker i alt. Et par dage før ringede mor og bad mig om at bage nogle flutes til arrangementet. Det undrede mig, for det første kunne mor bage flutes i søvne, og for det andet vidste hun godt, at det kunne tælles på mindre en én hånd, hvor mange gange jeg havde bagt noget som helst.

Vi gav hende en bluse med sommerblomster i fødselsdagsgave, hun tog den straks på, og på et billede fra dagen sidder hun på skødet af min mand i sin nye bluse og ser glad ud. Solen skinnede på mors sidste fødselsdag, alle var i godt humør og syntes, det ville blive sådan en dejlig tradition at holde mors fødselsdag i sommerhuset. Knud var med sit eget udtryk "i hopla", mor var lettet og afslappet, men jeg kan godt se på fotografiet, at hendes smil er træt, og hun har tabt sig.

I begyndelsen af sommeren tog mor og Knud en lille tur til en græsk ø, tror jeg, mor klarede det, men kunne slet ikke det, hun plejede. En dag midt i sommerferien ringede telefonen, og en fremmed lidt snøvlende stemme sagde: "Det er mor". Jeg kunne høre, hun gjorde sig vældig umage for at tale tydeligt og forståeligt, men der var nogle ord, som gik helt i kludder for hende. Hun siger ikke noget om talebesværet, men spørger bare, om vi kommer på besøg i sommerhuset. Jeg ringer til min søster, som så ringer til mor, de snakker lidt om løst og fast, bagefter er vi enige om, at der er noget galt – mor må have fået en lille hjerneblødning.

Da vi kommer op i sommerhuset, er det værre end jeg troede. Mor bager en tærte til frokost, det foregår hovedsageligt med venstre hånd, højre hånd er underlig slatten. Jeg kan se, hun er ulykkelig og bange, hun vil ikke tale om det, men hun vil gerne tage i mod hjælp, da hun skal skrive en indkøbsseddel, vil hverken hovedet eller hånden, som hun vil. Det er forfærdeligt at se hende så hjælpeløs og så tapper. Knud er også bange, men vi vælger alle sammen, at opfatte mors tilstand som

7. FORÆLDRELØS OG FORÆLDREBUNDET 119

forbigående, lidt tale- og skrivetræning, så er hun oppe i gear igen.

Men sådan skulle det ikke gå, i løbet af sommeren blev hun dårligere og dårligere, min søster og svoger fik via deres forbindelser hurtigt tid til en hjernescanning, og diagnosen var en fremskreden hjernesvulst, som sad rigtig uheldigt.

En af de første dage i august kørte mor for sidste gang bilen hjem til Emdrupvænge. Knud havde ladet sig overtale, det var garanteret ganske uforsvarligt, men mor havde været forfærdelig stolt. Hele sygdomsforløbet havde mor en fantastisk evne til at værdsætte det, hun kunne, frem for at beklage det, hun mistede. Mor blev indlagt på Bispebjerg Hospital, lægerne opgav hurtigt at operere hende, i stedet behandlede de svulsten med noget væskedrivende, og hun fik det kortvarigt bedre og kom hjem.

Den tid hun fik hjemme brugte hun systematisk, hun ryddede op i sine gemmer, hun slæbte sig rundt i huset, baksede skuffer og skabe op, sorterede og bundtede papirer og breve, med store svært læselige bogstaver skrev hun på hvert bundt, man kan se, hvilke kræfter det har kostet hende.

Vi vidste alle, at tiden var afmålt, hjemmeplejen kom på besøg og foreslog visse foranstaltninger, som skulle holde hende lidt længere i hjemmet. Men Knud ville ikke have ekstra gelænder på trappen, hospitalsseng og forhøjet toiletsæde, det var grimt – ikke bare æstetisk, men livsgrimt, sygdommen måtte ikke komme ind i Emdrupvænge, de skulle leve, som de hele tiden havde gjort til det sidste.

En dag gav mor mig tutten af en nylonstrømpe, der var 1000 kr i sammenkrøllede sedler, jeg gættede mig til at vi skulle bruge dem sammen den sidste tid. Jeg omsatte pengene til noget nyt lidt smart tøj, som passede til hendes situation, vi kørte i kapervogn i Dyrehaven, og jeg prøvede at gætte, hvad hun gerne ville og kunne. I sensommeren kom mor og Knud ofte ud til Tårbæk og spiste hos os, mor snakkede så godt hun kunne og pludrede på sit uforståelige sprog med kollektivets nyankomne baby. En aften, da de var gået, fandt jeg mors ene sko på havegangen, hun havde ikke mærket, at hun havde tabt den.

Da det blev efterårsferie, var hun tilbage på hospitalet, min familie og jeg var taget nogle dage til Bornholm, jeg ringede hver dag og fortalte lidt, og hun svarede med de få ord og lyde, hun stadig havde adgang til. Jeg savnede hende, som jeg ikke havde savnet hende siden de første dage på Astmahjemmet.

Det var et mærkeligt efterår forfærdeligt sørgeligt og forfærdeligt smukt, jeg tror, det kom bag på både mor og mig, at vi havde det så dejligt sammen. Jeg havde altid elsket mor, men aldrig beundret hende, det kom jeg til i det halve år, hun var syg. Hun tog sin skæbne på sig med stor værdighed, bevarede evnen til at kunne nyde de ting, der stadig var

7. FORÆLDRELØS OG FORÆLDREBUNDET

mulige – køre en tur i den skarpe efterårsluft pakket ind i tæpper og med huen ned om ørerne, få nyt tøj, drikke et glas vin, ryge en cigaret, lytte til musik, noget hun aldrig havde taget sig tid til. Men hun blev vred, når folk ignorerede hende, selvom hun stort set ikke kunne tale, ville hun være med i samtalen.

En aften en måneds tid før hun døde tog min søster og jeg mor med på restaurant, jeg havde sikret mig, at det var et sted, hvor de var vant til kørestolsbrugere og forskellige handicaps. På vej til restauranten kom vi forbi et stort supermarked, mor blev urolig i kørestolen, gryntede og fægtede med den ene arm, vi skulle derind! Vi kom ud med en flaske portvin og en bluse, hun havde fået øje på i en rodekasse.

Vi havde en god aften, min søster og jeg skiftedes til at vende et kort i vores livs kabale, vi huskede og fortalte, og mor sagde "ja" og "ih" og "næh", pludselig blev hun så overvældet af følelser, at hun ikke kunne holde hovedet, men tabte det ned i sin tallerken med noget ris og karry, det stod til alle sider. Vi fik hende vasket og ordnet og gav hende den nye bluse på, imens personalet venligt genetablerede kuverten, så fortsatte vi.

På et tidspunkt kiggede jeg ud af vinduet og så en skikkelse, jeg er næsten sikker på, at det var Knud. Han havde syntes, det var helt håbløst at tage mor ud at spise, det skulle han i hvert tilfælde ikke rodes ind i. Og nu gik han bundløst ulykkelig og ensom og kiggede ind på os, som holdt vores absurde afskedsmiddag. Jeg gik ud for at hente ham, men der var ikke nogen, enten var han gået, eller han havde kun været der i min fantasi.

Ca. 14 dage før jul nægtede mor at tage mere medicin, nu havde sygdommen levnet hende så lidt, at hun ikke ville mere. Vi nåede at komme på juleudstilling, vi trillede ned gennem Strøget med juleklokkerne bimlende over vores hoveder, drak et glas gløgg på en opvarmet udendørs café og holdt hinanden i hånden.

Sidste gang mor var hjemme i Emdrupvænge, spiste vi frokost Knud, mor og jeg. Vi sad alle tre i sofaen og mor holdt om os, så godt hun kunne, jeg tror vi nippede til lidt vin og fik nogle enkelte bidder ned. Men det var fredfyldt og stemningen var på en sær måde munter eller måske snarere lettet, mor havde valgt at lægge sit liv i tidens hænder og ikke i medicinens. Bagefter lå hun lidt på sofaen, mens jeg ryddede op og gjorde klar til, at hun skulle tilbage på hospitalet. Da jeg ville have hende over i kørestolen, klamrede hun sig til sofaens puder, hun ville blive, hun samlede al sygdommens autoritet og truede af os, Knud blev desperat og bange, han turde ikke have hende hjemme. Jeg prøvede at berolige hende og trække tiden lidt, men jeg var også bange og ville ikke tro, det var sidste gang. Selvom jeg var 43 år var jeg ikke gammel nok eller modig nok til at føje hende. Vi skulle jo have fundet ud af no-

7. FORÆLDRELØS OG FORÆLDREBUNDET

get, så hun kunne dø hjemme i sin egen seng med sin elskede dyne. Til sidst gav mor op, og vi fik lov at sætte hende ud i bilen og køre hende tilbage, men hun var rasende.

Da hun lå i hospitalssengen, ville hun ikke se på mig og ikke sige farvel. Jeg gik som i søvne ned til bilen, satte mig ind og startede motoren. Gudskelov var det som om, noget greb mig i nakken, løftede mit hoved og tvang mig til at se det uundgåelige i øjnene, jeg løb tilbage, tryglede mor om tilgivelse, hun smilede nådigt og strøg mig over kinden. Næste morgen var hun bevidstløs, de sagde på hospitalet, at hun havde været urolig hele natten og så var gledet ind i en dyb søvn. Min søster kom over, og vi sad hos hende hele dagen, kravlede op i sengen og lagde armene om hende, talte til hende, man siger jo, at hørelsen er det sidste, der forsvinder. Hun bevægede sig ubevidst, hendes tynde guldarmbånd ringlede, som de altid havde gjort, hendes små lyde, duften fra hendes hud, var den samme, som vi havde kendt hele livet. Om aftenen kyssede vi hende godnat og tog hjem til vores familier, stadig uden helt at forstå, hvad der var ved at ske, sådan må jeg forklare det, at vi ikke blev.

Næste morgen gik jeg på arbejde, jeg skulle over i svømmehallen med en klasse, og mens jeg stod på kanten og så på eleverne svømme frem og tilbage, døde min mor. Jeg blev kaldt over højtaleren, havde åndsnærværelse nok til at få eleverne op af bassinet, så gik jeg ud og fik den besked, jeg ikke ville have.

Den skikkelse, jeg så ligge i hospitalssengen en halv time senere, var ikke min mor, det hvide fremmede ansigt, hvor hagen var bundet op, kendte jeg ikke. Jeg skreg, det var frygteligt, hvad var der sket med min mor, hvem havde taget hende og lagt det der i stedet?

Da mor blev bisat, det hedder det vist, når man ikke kommer i jorden med det samme, var kirken stuvende fuld, mor var elsket af mange. Men kisten vi bar ud rummede ikke mor, og det var en trøst at vide, at mor havde forladt denne verden, inden hendes kiste blev brændt, hendes aske hældt i en krukke og gravet ned i jorden. Hun ville have hadet det, lige som mig led hun af en svag klaustrofobi, og tanken om den kolde våde jord kunne få os til at gyse. Mor havde i tide forladt sin krop og taget bolig i luften omkring os, tanken i os og i kærligheden i mellem os.

> *Du er syg og kan ikke tale,*
> *alligevel taler vi mere, end vi har gjort i mange år.*
> *Din stemme kæmper for at sætte tanken fri.*
> *Jeg lytter med øre, øjne og med hele sindet,*
> *med minder fra min barndom,*
> *med erfaring fra mit voksenliv,*

7. FORÆLDRELØS OG FORÆLDREBUNDET

og med fantasien gør jeg mig ældre og syg som dig.
Så igennem sygdommens døvende og forvrængende jerndør
fanger jeg en flig af din tanke.
Vi leger tampen brænder, vi nærmer os, og fjerner os – og nærmer os.
Den er der!
Du siger det befriende – ja
som en ung pige, der har ventet længe på en elsket, men langsom frier.

Der står den, din tanke i rummet mellem os.

Den kan være stor og skæbnesvanger om liv og død,
og den kan være lille og ganske almindelig
om simple hverdagsting.
Men den er vores fælles værk,
og vi er lykkelige og stolte over den.
Vi vender og drejer den lidt
for at se den fra alle sider,
vi nikker og smiler,
jo, det er den rigtige.
Vi finder en kode, et navn til tanken,
så slipper den lettere gennem jerndøren,
når vi kalder på den en anden gang.

Vi sidder stille lidt,
skal vi prøve igen?
eller skal vi nyde lidt endnu,
at vi talte sammen og forstod hinanden.

For mange år siden, da jeg var lille
- og ikke kunne tale,
gættede du mine ønsker med din koncentration og din kærlighed,
nu er det min tur.
Men jeg har spor at gå efter
ord, bevægelser, blikke, latter, gråd, smil fra vores fælles liv.

7. FORÆLDRELØS OG FORÆLDREBUNDET

Jeg lover dig,
jeg skal være dit barn, din ven, dit spejl, dit værn
mod ydmygelse
og til slut smerte.

(1989)

Og holdt jeg nu det løfte?

Jeg kan næsten ikke svare på mit eget spørgsmål om, hvad mor har betydet for mig. Man spørger jo heller ikke om, hvad det har betydet for én at trække vejret, at spise og at sove. Mor var det grundstof, jeg blev lavet af, vi blev syet af det samme stykke stof, men i forskellige modeller.

I mange år ville jeg ikke være ved at ligne min mor, hvorfor vil man dog ikke ligne et menneske, man elsker, men gerne et menneske, man beundrer? Nogen tid efter min mors død, besøgte jeg en af hendes gamle nære veninder, jeg stod i køkkenet og snittede eller skrællede et eller andet, og pludselig siger veninden: "Hvor du dog ligner din mor!" Det gav et sæt i mig, men glæden og ømheden i hendes stemme gjorde, at jeg til min overraskelse blev stolt og beæret over at ligne min mor. Resten af besøget følte jeg mig lidt mere betydningsfuld, jeg skulle ikke gøre noget for at være velkommen og vedkommende – bare ligne mor.

Jeg skrev i det foregående afsnit, at jeg først beundrede mor, da hun var blevet syg, det var rigtigt dengang. Men nu mere end 20 år efter hendes død, kan jeg se, at jeg altid har beundret hende og på mange måder lagt mig i hendes kølvand.

Jeg ved godt, at mor blev dybt ulykkelig, da JE forlod hende, og at hun var ved at tage livet af sig selv, men da hun var kommet på afstand af sorgen, ville hun være glad. Hun stillede ikke kritiske spørgsmål til det, der skete omkring hende, eller bebrejdede livet de knubs, det gav hende, hun gik i gang med at forholde sig til situationen og få det bedste ud af den.

Hvis det trak op til atomkrig, gik hun ud og købte dåsemad og uldent undertøj, hvis Knud blev tavs og utilnærmelig, lavede hun hans yndlingsret til middag, hvis min søster eller jeg havde kærestesorg, fandt hun straks mulige erstatninger i omgangskredsens unge sønner.

Selvfølgelig blev hun også ked af det, ængstelig og gal, men hun efterlevede sit motto "Hertil og ikke længere" – og så rettede hun sin opmærksomhed mod noget, der kunne gøre hende glad eller andre glade.

7. FORÆLDRELØS OG FORÆLDREBUNDET

Jeg har aldrig været bange for at sige noget til mor, modsat til Knud, hvor alting skulle gennem en lang tilberedelsesproces, før det kunne serveres. Jeg forventede ikke forståelse, men jeg vidste, at jeg fik accept, hun betragtede det nye som en puslespilsbrik, der måtte kunne passe ind et eller andet sted. Den eneste undtagelse er dengang, jeg ville flytte hjemmefra, det ville hun ikke acceptere, men måtte dog finde et sted også til den brik.

Fejlagtigt troede jeg, at mor ikke tænkte så meget over tilværelsen, at hun bare havde travlt med at være beskæftiget med et eller andet, så alle de hurtige bevægelser kyste tankerne væk ligesom fluer på en ostemad. Men, da jeg var blevet voksen, gik vi hvert år til jul ud og købte en gave til mig, bagefter sad vi på en café og fik et eller andet – gerne med lidt sprut i, så fortalte mor om, hvad hun gik og tænkte på, drømte om og gerne ville. Det handlede næsten altid om noget, hun gerne ville gøre for nogen eller sammen med nogen, hendes ønsker og drømme var ikke koncentreret om hende selv.

Mor kunne sagtens tænke, mens hun cyklede, bagte sandkage, syltede agurker, reparerede dynebetræk, stoppede strømper, hendes hænder var aldrig i ro, jeg tror slet ikke, hun ville kunne tænke, hvis hun skulle holde dem i skødet. Når mor vågnede om morgenen, svingede hun straks benene ud over sengekanten, den første på badeværelset og så ned og lave morgenmad; bedstemor elskede morgenmad på sengen, for mor ville det have været en pine. Om aftenen tog hun sin sovepille i god tid, så den virkede 5 minutter efter, hun havde lagt hovedet på puden, den sikrede også, at hun ikke vågnede om natten og fik ubudne tanker.

Indtil 1987 var mor livsduelig og livskraftig, kun krydsede sig gennem sin tilværelse med en imponerende energi. En dag et års tid før hun døde, gik vi en tur langs stranden i Veddinge, vi var kommet ind i noget rosenkrat, hvor stien var blevet smal, så vi gik tæt sammen, mor tog mig under armen og sagde: Nogle gange er jeg så træt, at jeg ikke har lyst til at leve mere". Vi havde lige gået ude på den åbne strand og småsnakket om hverdagsting, og så ville hun pludselig ikke leve mere. Hun sagde det ikke klagende eller bebrejdende, men helt nøgternt. Måske var hun allerede syg dengang, eller hun blev det, fordi hun var nået i mål, og nu var hun træt. Hun havde levet sit liv, været en kærlig og omsorgsfuld datter, søster, veninde, mor, ægtefælle, mormor, hun havde udfyldt alle de funktioner, som var blevet lagt på hende, nu måtte hun have fri.

Mor lærte mig om hjælpsomhed, om fordragelighed, om ikke at stå på sin ret, om konflikters ødelæggende virkning, om at resignere og om at skifte spor, når forhindringerne blev for uoverkommelige. Jeg har så måttet lære mig selv at kæmpe, være stædig og vælge at tage nødven-

7. FORÆLDRELØS OG FORÆLDREBUNDET

dige konflikter. Mors overlevelsesmetode blev ikke min, men viljen til at ville livet kan jeg takke hende for.

Som afskedsgave viste hun mig, hvordan man kan bære den sidste svære tid med værdighed og nærvær. Det kan lyde mærkeligt, men ordet overskud forekommer mig dækkende, vi, der var omkring hende, var mere bange og mindre modige til at se sandheden i øjnene end mor. Hun vidste, hvad der var ved at ske, og jeg tror gerne, hun ville have delt det mere med os, men hun skånede os, hun tog det på sig at dø, uden at skræmme os; jeg håber, hun opfattede, at vi beundrede hende.

7. FORÆLDRELØS OG FORÆLDREBUNDET

Fire generationer, bedstemor, min mor, min søster og min niece

Bedstefar et par år før han døde

7. FORÆLDRELØS OG FORÆLDREBUNDET 127

Bedstemor knap 90 år

Jørgen Erik et par år før han døde

128   7. FORÆLDRELØS OG FORÆLDREBUNDET

Knud da han er blevet alene

Det sidste billede af min mor, en måned før hun døde

TIDENS BARN

Set med nutidens øjne var mine tre forældre temmelig håbløse som skilsmisseforældre. De gjorde for lidt og for meget – og ofte det forkerte. Men i 50'erne var skilsmisse det unormale, det var noget, man ikke talte om, endsige skrev bøger om. Det var nærmest skamfuldt at være fraskilt, man skjulte det så vidt muligt og delagtiggjorde ikke andre i sine problemer. Skilte familier hutlede sig igennem følelsesmæssigt, som de bedst kunne. De dominerende følelser var bitterhed, skuffelse og en ikke helt lille portion hævngerrighed, alt sammen dårlige følelser både for voksne og børn. Den kollektive forestilling om familien er gengivet i Erling Frederiksens maleri fra 1952 "Familien omkring middagsbordet", faderen der alvorsfuldt ser ned i sin tallerken, moderen med forklæde og løftet ske klar til madning af den mindste og de to lidt større børn, der pænt og artigt spiser deres mad. Min mors drøm og ambition er udtrykt i dette billede, måske ville hun gerne hæve sceneriet en social klasse. Der var intet tillokkende eller udfordrende ved at skabe sig et liv som enlig mor med to børn. Mor ville ind i familiebilledet igen, og der skulle være en mand ved bordet. Den mand blev Knud, som selvfølgelig også havde den autoriserede 50'er opfattelse af familielivet. Det blev måske ikke helt, som mor havde forestillet sig, men med lidt god vilje og et par gode skyklapper kunne det gå an.

JE var egentlig mere moderne og eksperimenterende med sin storfamilie og fri kærlighed. Men jeg tror ikke, det var noget, han valgt bevidst, men det skete, fordi han som et lille papirskib uden kurs lod sig tage med af strømmen. Og hans moderne livsform gjorde ham ikke til en bedre forældre.

Og set med nutidens øjne virker min barndom måske lidt hård og trist, men sådan oplevede jeg den faktisk ikke. I 50'erne var der ikke noget usædvanligt i at få en lussing eller måske en endefuld, forældrenes revselsesret var indiskutabel. Det var en selvfølge, at man spiste, hvad der blev sat på bordet, og at man spiste op, det var en skam for forældre, hvis de havde kræsne børn. Børn svarede aldrig de voksne igen eller stillede spørgsmål til, hvad de voksne sagde, børn gjorde, hvad der blev sagt, eller man lod i hvert tilfælde som om, man gjorde det. Børn kunne være alene hjemme fra de var fem- seks år gamle, de kunne gå alene til og fra skole fra første klasse, de kunne i det hele taget færdes alene i deres kendte omgivelser.

Da jeg har været omkring fem år, trak min mor et stykke bændel igennem hullet på to femogtyveører og syede én i lommen på min vindjakke og én i lommen på min teddybear frakke. Femogtyveørerne skulle bruges til at ringe for fra en telefonboks, hvis jeg blev væk. Kunne jeg ikke nå op til telefonen, skulle jeg spørge en venlig dame om hjælp - ikke en mand. Jeg gik og fingererede ved femogtyveøren og havde stor lyst til at omsætte den til salmiakstænger, men gjorde det aldrig. Femogtyveørerne blev flyttet over i den nye vindjakke og frakke – og en dag er jeg vel vokset fra arrangementet.

Jeg kan også huske, da vi var kommet til København, og jeg var med mor i stormagasiner, så var der altid en venlig højtalerstemme, der efterlyste forældrene til det lille grædende barn, som en ekspedient eller elevatorfører havde samlet og afleveret på et særligt afhentningssted. Ekspeditioner tog lang tid dengang, det var før selvbetjeningen og de store rodekasser, der skulle prøves og måles og vejledes evt. tages noget hjem i udvalg, og det var svært som barn ikke at begynde at strejfe lidt. Jeg skulle nu ikke nyde noget af at blive væk, jeg sad hellere en halv time på en for høj stol og dinglede med benene, mens mor prøvede bluser og brystholdere, jeg kan stadig se ekspeditricen løfte brysterne på plads med to øvede fingre.

Børn passede i meget højere grad end i dag sig selv, de skulle ikke forvente, at voksne legede med dem, voksne læste højt om aftenen før sengetid. I ferierne og ved særlige lejligheder kunne de spille spil eller lægge puslespil med børnene, men det foregik på de voksnes initiativ og præmisser. Jeg mindes ikke, at hverken min mor, mine mostre – for slet ikke at tale om mine bedsteforældre har ligget på gulvet og bygget legoklodser med mig. Min bedstefar kunne tage mig med ned i sit værksted i kælderen, så blev jeg sat på arbejdsbordet og fik en klods at file i, mens han reparerede en spisestuestol. Mor kunne give mig en pose med klemmer, så jeg kunne række hende dem, når hun hængte vasketøj op, eller hun kunne slå 20 masker op, så kunne jeg strikke en klud med retstrikning. Bedstemor syntes, jeg skulle brodere blomstermotiver fra "Håndarbejdets Fremme", så hun trådte en nål og tog det første par korssting på et grønt blad, så overlod hun det endnu hvide stramaj til mine svedige fingre.

Børn måtte gerne kede sig i 50èrne, det blev faktisk anset for sundt, og spædbørn tog heller ikke skade af at skrige en times tid, så sov de bedre. Når små børn begyndte at kravle og pille ved ledninger, bøger og porcelænsfigurer, blev de sat i en kravlegård, og der kunne de godt titte ud mellem tremmerne et par timer, så husmoderen kunne få sat lidt skik på hjemmet.

Når børn kedede sig, ville de selv finde på noget at lave. Men det skulle helst være noget, der ikke rodede eller støjede. Vi børn fra 50'erne har lagt hundred tusind puslespilsbrikker, farvelagt kvadratkilometer i malebøger, tegnet og klippet gigantiske garderober til vores påklædningsdukker, vi har presset blomster og strøget papirservietter, byttet hønseringe og spillet kugler, sænket flåder af krigsskibe, foldet papirsfigurer, lavet piberensermænd og kastanjedyr, bygget tårne af tændstikker og etageejendomme af spillekort – og mange, mange flere stillelege. Til børnefødselsdage kunne vi få lov til at lege "tampen brænder" og "den som flaskehalsen peger på", men det var for vildt og støjende til hverdagsbrug.

Voksne og børn var mere adskilt i 50'erne, selvom mange mødre gik hjemme, havde både de og børnene et eget liv. Selvfølgelig snakkede man sammen, men det var om det, der var lige rundt om én ikke om drømme, problemer, livet, døden og kærligheden. Jeg husker engang i Haderslev, jeg gik med mor i hånden, det var efterår, og jeg sparkede i de nedfaldne blade; mor spurgte om, hvad jeg ville være, når jeg blev stor, jeg sagde stewardesse i blå uniform. Jeg husker det, fordi jeg syntes, min mor pludselig talte til mig, som om jeg ikke bare var et barn. Voksne talte på en ikke uvenlig måde ned til børnene, det var børnene, der måtte strække hals og tå på tæerne, de voksne satte sig ikke på hug for at tale i øjenhøjde med dem. Nå man som barn spurgte om noget, fik man svar, hvis de voksne syntes, det var et ordentligt spørgsmål. *Spørge Jørgen* var en yndet højtlæsningsbog, og af den kunne børnene lære, at hvis man stillede fjollede spørgsmål, så kom man i seng og fik ingen pandekager.

Nej, jeg var på mange måder et tidens barn og ikke et stakkels barn. Men lidt svigtede og utrygge, tror jeg alle skilsmissebørn føler sig, uden man som barn kunne sætte ord på det. Jeg kender faktisk kun én på min egen alder, som også er skilsmissebarn fra 50'erne, vores oplevelse af kaos og total mangel på information om, hvad der skete, er den samme.

Moderne skilsmisseforældre er meget bedre uddannet som skilsmisseforældre, de taler med børnene og beskytte dem mod det værste stormvejr. Selvom man hører skrækhistorier om skilsmisser også i dag, er de mere velfungerende trods alt i overtal. Men nutidens skilsmissebørn har oftest to hjem, de skal begå sig i, og det kan være svært især i begyndelsen. Når de så har lært at navigere i de to forskellige mønstre, kan de heldigvis komme til at opleve det som en berigelse. Jeg slap for den del af skilsmissescenariet, der var kun én familie, JE var en "fantomfar", som på intet tidspunkt stillede op med forventninger, vi skulle opfylde – endsige et hjem, vi kunne komme i.

Nutidens børn skal ikke skamme sig over at være skilsmissebørn, der er så mange der deler skæbne med, de kan tale med hinanden og de kan ud over deres forældre tale med forstående og erfarne pædagoger og lærere – de behøver ikke være ensomme.

Men inden i ethvert skilsmissebarn sidder der, tror jeg, en lille katastroferamt fugleunge, som har oplevet, at stormen splittede dens trygge rede.

TIL EVIGT EJE

"Mit barndomshjem", min barndomsgade", "mit barndomsland", vores sprog indeholder en mængde ord, som er sat sammen med ordet "barndom". Når vi når en vis alder, begynder vi at bruge dem. Så er vores barndom blevet et samlet begreb, en pakket kuffert, som vi kan bære med os. Da jeg var barn, var min barndom der ikke, den tog først form mange, mange år efter, at jeg var færdig med at være barn, og den blev først min, da jeg var gammel nok til at eje den. Et barn ejer ikke sit liv, dets liv er forpagtet ud til alverdens voksne. Når vi bliver unge, tror vi, vi får vores liv overdraget til egen forvaltning, det gør vi også til dels, men først den dag, vi meningsfuldt kan bruge udtrykket "i min ungdom", ejer vi den.

Vi bruger andre ord om vores ungdom end om vores barndom. Hvis nogen bruger ordet "ungdomshjem", ville vi tro, der blev refereret til en social institution, vi taler heller ikke om "ungdomsgader" og "ungdomslande". I ungdommen flyver vi fra reder og går ad egne veje, vi opsøger og forlader, finder og mister. Men også disse rodede og forvirrede ungdomsår samler sig en dag til en forbløffende ordnet størrelse, som vi kan tale om som "vores ungdomsliv".

Ordet "voksendom" eksisterer dårlig nok i sproget (lige nu giver min computer det en rød bølgelinie), det er akavet og har ikke en klar reference. Vi kommer aldrig så meget på afstand af vores voksne liv, at det kan blive sammenfattet og ordnet i et begreb, en størrelse, vi kan eje og kalde min. Voksne er noget, vi bliver ved med at være til vores død, man overgår ikke en dag fra at være voksen til at blive gammel. Du kan sige til en ven eller til dig selv: "Du er jo ikke ung mere, du er et voksent menneske! ". Men du kan ikke sige til en 75- åring:" Du er jo ikke voksen mere, du er gammel!"

Vores alderdom kommer vi heller aldrig til at eje, den når vi af gode grunde ikke at se afslutningen på. Den samler sig kun for de efterlevende, de kan tale om den i tredje person fx: "I sin alderdom bevarede han sit lyse sind og sin interesse for omverden, vi besøgte ham tit" eller: "I sin alderdom blev hun en bitter og vranten gammel dame, vi besøgte hende kun af pligt."
Barndom og ungdom er de frugter, som kan nå at modnes i vores liv og blive vores til evig eje.

www.ingramcontent.com/pod-product-compliance
Lightning Source LLC
Chambersburg PA
CBHW050829160426
43192CB00010B/1958